基本的生活習慣の発達基準に関する研究

―子育ての目安―

谷田貝公昭

髙橋　弥生

まえがき

　習慣とは、一定の状況において容易に触発され、しかも比較的固定した行動様式をいう。またそれは、その国の民族や社会が長い間かかって作り上げてきたものであるから、その国の文化の一部を形成するものと考えられる。なかでも基本的生活習慣の形成は、アメリカの発達心理学者ゲゼル（Gesell、A.L.1880 ～ 1961）のいう「文化適応」（acculturation）であり、すべて子どもの身体諸機能や生理面との関連が深く、心理的発達との関連においても重大な意味を持つのである。例えば、箸を使用する習慣は、手指の運動とも関連するし、着脱衣の習慣は、ひいてはその自立性の発達と関連する。したがって、子どもの身体諸器官の成熟とその機能の成長発達との関連において、つまるところ人格の発達にも影響するといえよう。

　また、基本的生活習慣の育成は、その社会への適応性への育成を意味する。したがって、保育上極めて重視する必要がある。

　基本的生活習慣は、二つの基盤に立つものに分けて考えることができる。一つは生理的基盤に立つ習慣であり、もう一つは社会的・文化的・精神的基盤に立つ習慣である。具体的には、前者が食事・睡眠・排泄の習慣であり、後者が着脱衣・清潔の習慣である。また、幼児期に基本的生活習慣が確実に身についていないと、その子どもはそれ以後の生活に支障をきたすと考えられている。

　さらにいうならば、人は、社会に生まれたときから、社会的関係の中で成長発達している。したがって、社会人として最低遵守しなければならない規律と、この社会でだれでもが習得しておかなければ、健全な生活を送ることができない習慣との二者を、基本的生活習慣と呼んでいる。一言でいえば、日常生活の最も基本的なことがらに関する習慣である。

また、基本的生活習慣とは、本質的には人間である以上、民族・人種を問わず、身につけなければならない習慣でもある。この世に誕生した限り、その人間は、この社会の要求する習慣を身につける必要がある。自分自身を円満に成長発達させるためにも、この基本的生活習慣を確実に習得することが要求されるのである。

　以上のように、基本的生活習慣は、生活に絶対欠かすことができないことはもちろんであるが、幼児期の発達の基礎であり、幼児教育の必要性の課題の一つでもあることを忘れてはならない。

　基本的生活習慣の自立標準年齢については、1935年から翌年にかけて、山下俊郎の実施した調査に基づく発達基準がある。わが国ではこの基準が最も信頼され、多くの人のしつけの指針として使われてきた。1963年に西本脩が、子どもの成長発達の加速化が著しいことに着目し、山下の基準が妥当であるかどうか再検討をしている。1974年、1986年、2003年に谷田貝公昭らは、山下が調査した当時と比較して、子どもをとりまく社会的・文化的状況などの変化には絶大なものがあると同時に、彼ら自身の精神発達の変化などを考え、追試を実施し基準が妥当かどうか検討を試みてきた。

　そうした過程で、山下の設定した項目には習慣を質問しているものと、そのことができるかできないかという技術の質問をしているものとが混同していることが判明した。そこで本調査は全項目を検討し、すべて習慣を質問することに改めた。これからの保育や子育てに役立てていただけたら幸いである。

　最後になったが、本書は一藝社の菊池公男会長、小野道子社長の発案により、調査を実施し、まとめたものである。ここに記して感謝申し上げる。

2021年3月

　　　　　　　　　　　　　　　　　　　　　　　　谷田貝公昭

目　次

まえがき ……………………………………………………………………… 3

Ⅰ 調査の概要 ……………………………………………………………… 6
Ⅱ 食事の習慣 ……………………………………………………………… 12
Ⅲ 睡眠の習慣 ……………………………………………………………… 39
Ⅳ 排泄の習慣 ……………………………………………………………… 66
Ⅴ 着脱衣の習慣 …………………………………………………………… 88
Ⅵ 清潔の習慣 ……………………………………………………………… 108

付録・山下調査の結果〈抜粋〉 ……………………………………………… 131
参考文献 …………………………………………………………………… 142

あとがき …………………………………………………………………… 144
編著者・執筆者紹介 ……………………………………………………… 146

Ⅰ 調査の概要

1. 調査の目的

　本調査は現代の幼児の基本的生活習慣の発達基準を作成することを目的に実施したものである。本調査における発達基準とは、一般の精神発達検査作成の場合と同様に、同一年齢段階児の70〜75％が「はい」と回答している場合自立しているとみなし、その年齢を標準年齢と定めている。

　基本的生活習慣の発達基準を最初に作成したのは山下俊郎で、1935〜1936年（昭和10〜11年。対象は東京都内在住の幼児562名）の調査である。もっとも新しい基準は谷田貝公昭らが2003年（平成15年、対象は東京都、埼玉県、千葉県、神奈川県、長野県在住の幼児1,059名）に調査し作成したものである。

　本調査は、山下調査の質問項目を中心としているが、以下のような修正を加えた。

　① 現代ではあまり使われていない用語は、現代使われているものに替えた。

　②「できる」か「できない」かを、技術的に聞いている質問があり、それは習慣を聞くように直した。たとえば、「お箸を持って食べられますか」は「いつもお箸を使っていますか」「髪を独りでとかせますか」を「いつも自分で髪をとかしますか」等である。

　③「肩のボタンをかけられますか」、「靴の留め金を止められますか」等、現代ではあまりみられないような項目は削除した。

2. 調査の方法

　質問紙法。質問紙を園等に送付し、クラス担任が配布し、回答したものを回収してもらった。なお、本調査は目白大学倫理審査の承認を受けて実施している。

3. 調査期間

　2019年（平成31年〜令和元年）2月〜5月

4. 調査地域

　東京都、神奈川県、埼玉県の幼稚園・保育所・認定こども園

5. 年齢分配

　年齢分配は図表1-1の通りである。

【図表1-1】

時期	1歳		2歳		3歳		4歳		5歳		6歳		総計
	0〜5ヶ月	6〜11ヶ月	0〜5ヶ月	6〜11ヶ月	0〜5ヶ月	6〜11ヶ月	0〜5ヶ月	6〜11ヶ月	0〜5ヶ月	6〜11ヶ月	0〜5ヶ月	6〜11ヶ月	
男	7	8	18	4	34	45	83	80	59	96	45	68	547
女	8	9	17	20	29	57	73	84	70	94	49	37	547
合計	15	17	35	24	63	102	156	164	129	190	94	105	1094

6. 基準の設定について

　一般の発達検査作成と同様、特定の項目に対して当該年齢段階児の70%〜75%が満足（できる）することをもって標準年齢基準年齢と定めた。

7. 質問内容

　（別紙アンケート：8〜11頁参照）

生活習慣アンケート質問内容

●お子様の生活習慣の状況についてお答えください。

●お子様が二人以上いらっしゃる場合は、別々の用紙に記入してください。

●用紙が一枚の場合は、第１子のお子様についてお答えください。

【保護者】（　　男　・　女　）　　　　歳
＊回答していただいた方
【お子様】（　　男　・　女　）　　　歳　　ヶ月

（食事に関する習慣）

1	離乳食の開始はいつですか？		ヶ月頃
2	離乳食が終了したのはいつですか？	歳	ヶ月頃
3	いつも自分で食べようとしますか	はい	いいえ
4	いつもコップやスプーンを使いたがりますか	はい	いいえ
5	いつも箸を使いたがりますか	はい	いいえ
6	箸の持ち方はわしづかみにしていますか	はい	いいえ
7	好き嫌いはありますか	はい	いいえ
8	好き嫌いが始まったのはいつ頃ですか	歳	ヶ月頃
9	いつもコップを自分で持って飲みますか	はい	いいえ
10	いつも自分でスプーンを使って食べますか	はい	いいえ
11	いつも箸を使っていますか	はい	いいえ
12	いつもコップでこぼさずに飲みますか	はい	いいえ
13	いつもスプーンやフォークでこぼさずに食べますか	はい	いいえ
14	いつも箸を使ってこぼさずに食べますか	はい	いいえ
15	いつもスプーンと茶碗の両方を持って、両手を使って食べますか	はい	いいえ
16	いつも箸と茶碗の両方を持って、両手を使って食べますか	はい	いいえ
17	いつも箸を正しく持って使っていますか	はい	いいえ
18	いつも最後まで自分で食べますか	はい	いいえ
19	おやつの時間はきまっていますか	はい	いいえ
20	いつも朝食にどのくらいの時間がかかりますか		分くらい
21	いつも夕食にどのくらいの時間がかかりますか		分くらい
22	いつも食事の前に「いただきます」のあいさつをしますか	はい	いいえ
23	いつも食事の後に「ごちそうさま」のあいさつをしますか	はい	いいえ

（睡眠に関する習慣）

24	寝るときはいつも添い寝をしていますか	はい　　いいえ
25	いつもパジャマに着替えて寝ますか	はい　　いいえ
26	いつも自分でパジャマに着替えて寝ますか	はい　　いいえ
27	平日の夜は何時ころに寝ますか	8時前（　　　時）　8時～8時30分 8時30分～9時　　　9時～9時30分 9時30分～10時　　10時～10時30分 10時30分～11時　11時～11時30分 11時30分～12時　12時過（　　　時）
28	平日の朝は何時ころ起きますか	6時前（　　　時）　6時～6時30分 6時30分～7時　　　7時～7時30分 7時30分～8時　　　8時～8時30分 8時30分～9時　　　9時～9時30分 9時30分～10時　　10時過（　　　時）
29	いつも昼寝をしますか	はい　　いいえ
30	いつも大体どのくらいの時間昼寝をしますか	30分未満　　　　　30分～1時間未満 1～1時間30分未満 1時間30分～2時間未満 2時間～2時間30分未満 2時間30分～3時間未満 3時間以上
31	いつも自分から「おやすみなさい」の挨拶をしますか	はい　　いいえ
32	いつも自分から「おはようございます」の挨拶をしますか	はい　　いいえ
33	夜寝るときは、いつも子どもだけの部屋で寝ますか	はい　　いいえ
34	夜寝るときは、いつも部屋の電気を消していますか	はい　　いいえ

（排泄に関する習慣）

35	日中おむつを使っていますか	はい　　いいえ
36	夜間おむつを使っていますか	はい　　いいえ
37	（おむつをしている場合）いつも小便が出た後に教えますか	はい　　いいえ
38	（おむつをしている場合）いつも小便が出る前に教えますか	はい　　いいえ
39	（おむつをしている場合）いつも大便が出た後に教えますか	はい　　いいえ
40	（おむつをしている場合）いつも大便が出る前に教えますか	はい　　いいえ
41	何かに夢中になっていると小便をもらすことがありますか	はい　　いいえ
42	小便の時、誰かがついていけば自分で用が足せますか	はい　　いいえ
43	小便の時、自分でトイレに行けますか	はい　　いいえ
44	大便の時、誰かがついていけば自分で用が足せますか	はい　　いいえ

45	大便の時、自分でトイレに行けますか	はい	いいえ
46	いつもトイレへ行った時、自分で紙を使って拭けますか	はい	いいえ
47	大便は毎日出ますか	ほぼ毎日 2～3日間隔 4～5日間隔 6日以上の間隔	
48	大便をする時間は大体決まっていますか	朝　昼　夜 定まっていない	
49	いつも寝る前にトイレに行きますか	はい	いいえ
50	いつも寝る前に自分からトイレに行きますか	はい	いいえ
51	いつも夜中にトイレに行かなくて済みますか	はい	いいえ
52	普段使っているトイレは和式と洋式のどちらですか	和式	洋式
53	和式トイレと洋式トイレのどちらも自分で使えますか	はい	いいえ

(着脱衣に関する習慣)

54	衣服を脱ぐとき、いつも自分で脱ごうとしますか	はい	いいえ
55	衣服を着るとき、いつも自分で着ようとしますか	はい	いいえ
56	いつもパンツを自分で脱ぎますか	はい	いいえ
57	いつもパンツを自分ではきますか	はい	いいえ
58	いつもTシャツを自分で脱ぎますか	はい	いいえ
59	いつもTシャツを自分で着ますか	はい	いいえ
60	いつも前開きの衣服の袖を両方とも正しく自分で通しますか	はい	いいえ
61	いつも洋服の前ボタンを自分でかけますか	はい	いいえ
62	いつも洋服の前ファスナーを自分でかけますか	はい	いいえ
63	いつも靴を自分ではきますか	はい	いいえ
64	いつも靴下を自分ではきますか	はい	いいえ
65	いつも帽子を自分でかぶりますか	はい	いいえ
66	いつも袖口のボタンを自分でかけますか	はい	いいえ
67	いつも靴などのひもを自分で花結び（蝶々結び）にしますか	はい	いいえ
68	手伝いなしに、いつも自分で衣服を脱ぐことができますか	はい	いいえ
69	手伝いなしに、いつも自分で衣服を着ることができますか	はい	いいえ

(清潔に関する習慣)

70	いつも自分で手を洗いますか	はい	いいえ
71	いつも手を洗う時、自分で石鹸を使いますか	はい	いいえ
72	手が汚れたら、いつも自分から手を洗いますか	はい	いいえ
73	いつも自分で顔を洗いますか	はい	いいえ
74	いわれなくても、いつも自分から顔を洗いますか	はい	いいえ
75	毎食後、歯を磨きますか（または磨いてもらいますか）	はい	いいえ
76	いつも自分で歯を磨きますか	はい	いいえ
77	いわれなくても、いつも自分から歯磨きをしますか	はい	いいえ
78	外から帰った時、いつも手を洗いますか（または洗ってもらいますか）	はい	いいえ
79	食事やおやつの前に、いつも手を洗いますか（または洗ってもらいますか）	はい	いいえ
80	外から帰った時、いつも自分でうがいをしますか	はい	いいえ
81	いつも自分で髪をとかしますか	はい	いいえ
82	鼻水が出たとき、いつも自分で鼻をかみますか	はい	いいえ
83	ほぼ毎日風呂（またはシャワー）に入りますか	はい	いいえ
84	いつも自分で体を洗いますか	はい	いいえ
85	いつも自分で髪を洗いますか	はい	いいえ
86	いつも自分だけで風呂（またはシャワー）に入りますか	はい	いいえ

Ⅱ 食事の習慣

1. 食事の習慣とは

　食事は人間が生命を維持していくために不可欠な行為である。ただ、人間は他の動物とは違い、食事を空腹を満たすだけではないと捉えている。人と人がコミュニケーションをとる重要な機会であり、文化を伝える手段ともなっている。食事に関する習慣は、(1) 食事の内容に関すること、(2) 食具の使用に関すること、(3) 生活のリズムに関すること、(4) マナーに関すること、の4点に分けることができる。

(1) 食事の内容に関すること

　ヒトは出生後から半年ほどは母乳や人工乳といった乳汁が食事となる。なぜなら、まだ大人と同じものが食べられるような身体的機能が整っていないからである。徐々に歯が生え、咀嚼や嚥下といった動作ができるようになり、そして消化機能も発達してくる頃に、離乳食が開始される。離乳は段階を追って固形物が食べられるように進み、徐々に大人と同じ食事ができるようになる。また、その発達の段階では、自分から食べようとする姿も出現してくる。離乳食がいつから始まり、いつ終了するのかといったことが咀嚼や嚥下の機能の発達にも関連し、さらにその後の食事習慣にもつながっている。また、好き嫌いについては好き嫌いが起きやすい時期を理解しておくことで、好き嫌いを発生させずにすむだろう。

(2) 食具の使用に関すること

　日本人の食事は、箸、茶碗、お椀をはじめとして、スプーンやコップ等の食具を使用する。これらを使用し始める段階では、その扱いが未熟だが、

加齢とともに操作が上手になり、一人で食具を使って食事ができるようになるのである。いつ頃、どのような食具を使い始めるのか、また、いつ頃上手に使えるようになるのか、といった目安があれば、子どもの食事の援助に役立つと思われる。食具が上手に使えないと、食べ物をこぼしたり、食事に時間がかかったり、と食事の習慣に悪影響を及ぼすことになる可能性が高い。

（3）生活のリズムに関すること

　食事の時間は、一日の生活のリズムに大きな影響を与える。子どもの場合、食事に集中できずだらだらと食べることは、次の食事にも悪い影響をおよぼす。普段の食事は、ある程度の時間で終了できるようになることが必要である。また、おやつの時間も不規則では食欲にも影響を与え、肝心の3食をしっかりと食べるリズムが崩れてしまいかねない。食事のリズムは子どもの成長にも重要な影響を与えるのである。

（4）マナーに関すること

　日本人の食事は、マナーに関する習慣が多く含まれる。例えば食事前後の挨拶については、保護者の意識が高く、早い段階から子どもに習慣づけようとしている。その他にも、箸の使い方、茶碗の持ち方など、食事の際のマナーがあり、それらを身につける方が社会生活上で困らないことになるのである。一緒に食事をする人に不快感を与えない食事のマナーを身につけている方が、周囲に受け入れられるはずである。食べこぼしが少なく、両手をきちんと使い、きれいに食事ができる習慣を、幼児期に身につけるべきであろう。

2. 調査結果

1. 離乳食の開始はいつですか
2. 離乳食が終了したのはいつですか

【図表Ⅱ-1・2】離乳食の開始と終了の平均時期

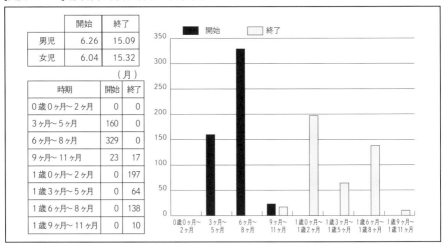

	開始	終了
男児	6.26	15.09
女児	6.04	15.32

（月）

時期	開始	終了
0歳0ヶ月～2ヶ月	0	0
3ヶ月～5ヶ月	160	0
6ヶ月～8ヶ月	329	0
9ヶ月～11ヶ月	23	17
1歳0ヶ月～2ヶ月	0	197
1歳3ヶ月～5ヶ月	0	64
1歳6ヶ月～8ヶ月	0	138
1歳9ヶ月～11ヶ月	0	10

　離乳食の開始は3ヶ月を過ぎる頃から徐々に始まるが、多くの場合は6ヶ月過ぎから開始をすることがわかる。離乳食開始の平均は男女ともに6ヶ月である。離乳食は、乳児の身体的な発達を見ながら開始をする。目安としては、首が座り、ある程度お座りの姿勢ができること、また大人の食事の様子に興味を持ち、口を動かすなどする、といった様子が見られることである。このような姿が現れるのが6ヶ月頃であり、一日の生活リズムが整ってくることなどから、この時期に開始する家庭が多くなっていると考えられる。育児情報などでも、6ヶ月を離乳食の開始としているものが多いことも、この時期に集中している一因であると思われる。これらの結果から、離乳食開始の標準年齢は6ヶ月といえる。

　離乳食の終了については、開始時期より分散している。最も多いのは1歳過ぎの時期である。しかしそれよりも遅い1歳6ヶ月過ぎに終了する場合も

少なくない。離乳食終了時期の平均は男女とも1歳3ヶ月であるため、その標準年齢は1歳3ヶ月といえる。開始時期に比べ、終了時期がばらつくのは、乳児によって離乳食の進み方の速度が違うためと考えられる。歯の生え方、咀嚼や嚥下の発達など、個人差が見られるので、終了時期に幅があることは当然であるといえる。

3. いつも自分で食べようとしますか

【図表Ⅱ-3】いつも自分で食べようとする割合

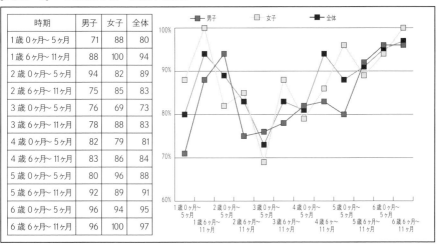

時期	男子	女子	全体
1歳0ヶ月〜5ヶ月	71	88	80
1歳6ヶ月〜11ヶ月	88	100	94
2歳0ヶ月〜5ヶ月	94	82	89
2歳6ヶ月〜11ヶ月	75	85	83
3歳0ヶ月〜5ヶ月	76	69	73
3歳6ヶ月〜11ヶ月	78	88	83
4歳0ヶ月〜5ヶ月	82	79	81
4歳6ヶ月〜11ヶ月	83	86	84
5歳0ヶ月〜5ヶ月	80	96	88
5歳6ヶ月〜11ヶ月	92	89	91
6歳0ヶ月〜5ヶ月	96	94	95
6歳6ヶ月〜11ヶ月	96	100	97

　1歳にはすべての子どもが離乳食を開始しており、大人に介助されながらも自分で食べようとする姿が見られるようになってきているといえる。1歳6ヶ月〜1歳11ヶ月の時期には90％以上の子どもがいつも自分で食べようとしている。このことから、1歳過ぎには自分で食べようとする習慣が自立すると考えてよいと思われる。ただし、100％に達する年齢は少なく、子どもの心身の状態や家庭の育児方針などにより、完全に自分から食べる習慣が身についていない点は危惧される。6歳6ヶ月〜6歳11ヶ月の段階でやっとほぼ100％に達するため、小学校入学時にはほぼ全員の子どもが自分から食べるようになるということであろう。

4. いつもコップやスプーンを使いたがりますか

【図表Ⅱ-4】いつもコップやスプーンを使いたがる割合

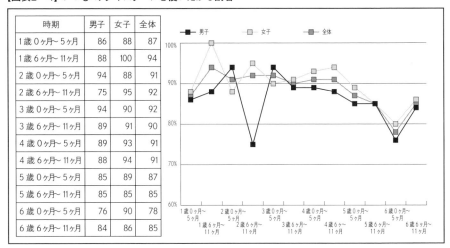

時期	男子	女子	全体
1歳0ヶ月～5ヶ月	86	88	87
1歳6ヶ月～11ヶ月	88	100	94
2歳0ヶ月～5ヶ月	94	88	91
2歳6ヶ月～11ヶ月	75	95	92
3歳0ヶ月～5ヶ月	94	90	92
3歳6ヶ月～11ヶ月	89	91	90
4歳0ヶ月～5ヶ月	89	93	91
4歳6ヶ月～11ヶ月	88	94	91
5歳0ヶ月～5ヶ月	85	89	87
5歳6ヶ月～11ヶ月	85	85	85
6歳0ヶ月～5ヶ月	76	90	78
6歳6ヶ月～11ヶ月	84	86	85

　いつもコップやスプーンを使いたがる習慣は、1歳0ヶ月～1歳5ヶ月に87％で自立する。標準年齢は1歳といえる。かなり高い値であることから、1歳の段階で多くの子どもにこのような姿が習慣づいていると考えることが適当であろう。この習慣も完全に100％となる年齢はほとんどない。これは、自分で使おうとしない場合も考えられるが、スプーン以外の食具を使用している場合も考えられるだろう。

5. いつも箸を使いたがりますか

【図表Ⅱ-5】いつも箸を使いたがる割合

時期	男子	女子	全体
1歳0ヶ月～5ヶ月	14	25	20
1歳6ヶ月～11ヶ月	50	33	41
2歳0ヶ月～5ヶ月	44	53	49
2歳6ヶ月～11ヶ月	75	50	54
3歳0ヶ月～5ヶ月	38	79	57
3歳6ヶ月～11ヶ月	58	84	73
4歳0ヶ月～5ヶ月	75	73	74
4歳6ヶ月～11ヶ月	64	77	71
5歳0ヶ月～5ヶ月	59	83	72
5歳6ヶ月～11ヶ月	73	82	77
6歳0ヶ月～5ヶ月	82	90	86
6歳6ヶ月～11ヶ月	93	95	93

　いつも箸を使いたがるようになる習慣については、男女差が見られる。女児は3歳0ヶ月～3歳5ヶ月の年齢段階に79％で自立するが、男児はその1年後の4歳0ヶ月～4歳5ヶ月に75％で自立する。女児はその後も70％以下になることはないが、男児はその後に70％以下になる時期があり、完全に70％を超えて自立するのは5歳6ヶ月～5歳11ヶ月の年齢段階となって、女児に比べかなり遅れているといえる。全体を見た場合の自立は3歳6ヶ月～3歳11ヶ月の年齢段階である。ゆえに標準年齢は3歳6ヶ月といえる。その後小学校入学時期になると、やっと90％を超える。

6. 箸の持ち方はわしづかみにしていますか

【図表Ⅱ-6】箸の持ち方をわしづかみにしている割合

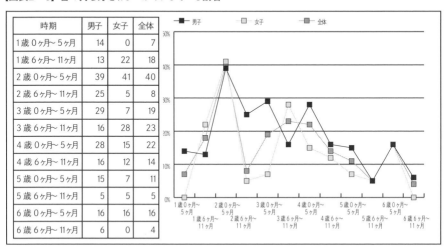

時期	男子	女子	全体
1歳0ヶ月～5ヶ月	14	0	7
1歳6ヶ月～11ヶ月	13	22	18
2歳0ヶ月～5ヶ月	39	41	40
2歳6ヶ月～11ヶ月	25	5	8
3歳0ヶ月～5ヶ月	29	7	19
3歳6ヶ月～11ヶ月	16	28	23
4歳0ヶ月～5ヶ月	28	15	22
4歳6ヶ月～11ヶ月	16	12	14
5歳0ヶ月～5ヶ月	15	7	11
5歳6ヶ月～11ヶ月	5	5	5
6歳0ヶ月～5ヶ月	16	16	16
6歳6ヶ月～11ヶ月	6	0	4

　箸のわしづかみは、箸の持ち始めの段階で現れる持ち方である。アンケートの結果では、2歳0ヶ月～2歳5ヶ月の年齢段階が40%で、最もわしづかみの子どもが多い。つまり、この年齢段階で箸を使い始める子どもが多いということであろう。2歳6ヶ月～2歳11ヶ月では8%に減少し、その後も30%を超える年齢段階はないので、わしづかみが無くなる標準年齢は2歳6ヶ月といえる。これは、箸の持ち方が変化し、上から持つわしづかみではなく、下から持つ持ち方になってきていることをうかがわせる。途中の段階では男女差がある年齢も見られるが、小学校入学の頃にはほとんどの子どもがわしづかみではなくなっている。

7. 好き嫌いはありますか

【図表Ⅱ-7】好き嫌いのある割合

時期	男子	女子	全体
1歳 0ヶ月〜 5ヶ月	86	63	73
1歳 6ヶ月〜 11ヶ月	88	78	82
2歳 0ヶ月〜 5ヶ月	72	100	86
2歳 6ヶ月〜 11ヶ月	75	90	88
3歳 0ヶ月〜 5ヶ月	79	86	83
3歳 6ヶ月〜 11ヶ月	87	79	82
4歳 0ヶ月〜 5ヶ月	82	79	81
4歳 6ヶ月〜 11ヶ月	85	71	78
5歳 0ヶ月〜 5ヶ月	78	87	83
5歳 6ヶ月〜 11ヶ月	82	78	80
6歳 0ヶ月〜 5ヶ月	87	73	80
6歳 6ヶ月〜 11ヶ月	84	73	80

　アンケート結果からは1歳0ヶ月〜1歳5ヶ月の年齢段階で、すでに73％の子どもに好き嫌いが発生していることが示された。多くの子どもの離乳食が開始されるのは6ヶ月頃であり、1歳頃には離乳食が終了する子どもも少なくない。そのような状況を考慮すると、離乳食が終了する頃には多くの子どもに好き嫌いが発生していることになる。その後も約8割の子どもに好き嫌いが存在したまま、減少することは無かった。飽食の時代と言われて久しいが、1歳からすでに多くの子どもに好き嫌いが存在しているのは、看過できない現象であるといえるだろう。

8.　好き嫌いが始まったのはいつ頃ですか

【図表Ⅱ‐8】好き嫌いの始まった時期

時期	男子	女子	全体
1歳0ヶ月〜5ヶ月	1.8	13.5	7.6
1歳6ヶ月〜11ヶ月	6.9	7.3	7.1
2歳0ヶ月〜5ヶ月	15.4	16.5	16.0
2歳6ヶ月〜11ヶ月	7.5	5.6	6.6
3歳0ヶ月〜5ヶ月	19.0	11.3	15.1
3歳6ヶ月〜11ヶ月	4.8	2.0	3.4
4歳0ヶ月〜5ヶ月	12.4	3.5	7.9
4歳6ヶ月〜11ヶ月	1.6	0.2	0.9
5歳0ヶ月〜5ヶ月	4.2	1.1	2.6
5歳6ヶ月〜11ヶ月	0.2	0.2	0.2
6歳0ヶ月〜5ヶ月	1.1	0.4	0.7
6歳6ヶ月〜11ヶ月	0.0	0.0	0.0

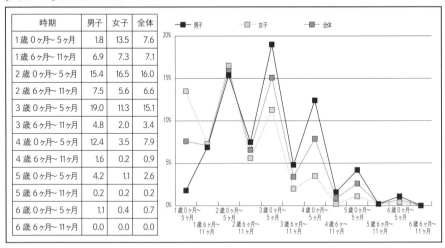

　好き嫌いが始まる時期のピークは2回ほどあるとみられる。最初のピークは2歳0ヶ月〜2歳5ヶ月の年齢段階で、2回目が3歳0ヶ月〜3歳5ヶ月の年齢段階である。しかし、どちらも数値は低く、15%前後である。全体的には、離乳食が始まる頃から好き嫌いが始まる子どもが存在し、その後5歳頃までは少数ながら好き嫌いが発生する状況が続くようである。ただし、好き嫌いのある子どもはどの年齢でも7割を超えている。その実態と照らし合わせると、どの時期に好き嫌いが始まっているかについては、保護者にとってはあまり関心がなく、記憶していないという可能性も考えられるかもしれない。

9. いつもコップを自分で持って飲みますか

【図表Ⅱ‐9】いつもコップを自分で持つ割合

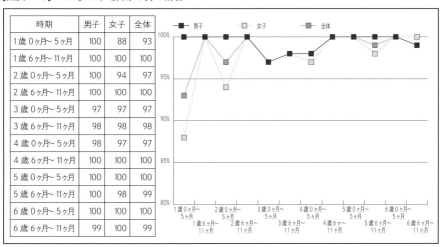

時期	男子	女子	全体
1歳0ヶ月～5ヶ月	100	88	93
1歳6ヶ月～11ヶ月	100	100	100
2歳0ヶ月～5ヶ月	100	94	97
2歳6ヶ月～11ヶ月	100	100	100
3歳0ヶ月～5ヶ月	97	97	97
3歳6ヶ月～11ヶ月	98	98	98
4歳0ヶ月～5ヶ月	98	97	97
4歳6ヶ月～11ヶ月	100	100	100
5歳0ヶ月～5ヶ月	100	100	100
5歳6ヶ月～11ヶ月	100	98	99
6歳0ヶ月～5ヶ月	100	100	100
6歳6ヶ月～11ヶ月	99	100	99

　コップの使用に関しては、1歳頃から始まることが前述のアンケート結果（4.いつもコップやスプーンを使いたがりますか）から分かっているが、自分で持って飲む習慣については、1歳0ヶ月～1歳5ヶ月の年齢段階で93％の高い値で自立しているため、標準年齢は1歳である。つまり、コップを使い始めるのとほぼ同じ時期にコップを自分で持って飲むことも習慣になっているということがわかる。その後、値が低下することもないため、コップの使用に関しては、使い始めの段階から自分で使うことが定着するといえる。

10. いつも自分でスプーンを使って食べますか

【図表Ⅱ-10】 いつも自分でスプーンを使って食べる割合

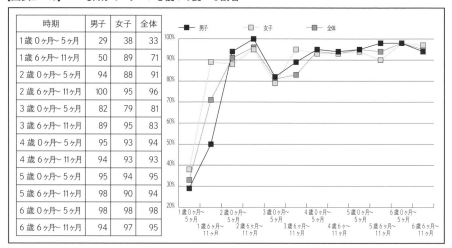

時期	男子	女子	全体
1歳0ヶ月〜5ヶ月	29	38	33
1歳6ヶ月〜11ヶ月	50	89	71
2歳0ヶ月〜5ヶ月	94	88	91
2歳6ヶ月〜11ヶ月	100	95	96
3歳0ヶ月〜5ヶ月	82	79	81
3歳6ヶ月〜11ヶ月	89	95	83
4歳0ヶ月〜5ヶ月	95	93	94
4歳6ヶ月〜11ヶ月	94	93	93
5歳0ヶ月〜5ヶ月	95	94	95
5歳6ヶ月〜11ヶ月	98	90	94
6歳0ヶ月〜5ヶ月	98	98	98
6歳6ヶ月〜11ヶ月	94	97	95

　コップと同様にスプーンも1歳頃から使い始めることは前述（4.いつもコップやスプーンを使いたがりますか）したとおりであるが、コップとは違い、自分でスプーンを使うことが習慣になるのは、女児が89％で1歳6ヶ月〜1歳11ヶ月、男児はその6ヶ月後の2歳0ヶ月〜2歳5ヶ月で94％であり、男女差が見られる。全体では1歳6ヶ月〜1歳11ヶ月の年齢段階で71％になり自立するが、自立の値から見ると2歳に近い時期であるとみるべきであろう。ゆえに標準年齢は2歳といえるだろう。使い始めの時期はコップと同じではあるが、コップに比べ使い方が難しく、思い通りに操るには練習が必要であるため、自立の時期がコップより遅くなっているものと思われる。しかし、自立後に値が低下することは無く、2歳前に自立したのちは、崩れることなく身についているといえる。

11. いつも箸を使っていますか

【図表Ⅱ-11】 いつも箸を使っている割合

時期	男子	女子	全体
1歳0ヶ月〜5ヶ月	0	0	0
1歳6ヶ月〜11ヶ月	13	22	18
2歳0ヶ月〜5ヶ月	17	18	17
2歳6ヶ月〜11ヶ月	25	50	46
3歳0ヶ月〜5ヶ月	21	76	46
3歳6ヶ月〜11ヶ月	49	72	62
4歳0ヶ月〜5ヶ月	61	64	63
4歳6ヶ月〜11ヶ月	65	79	72
5歳0ヶ月〜5ヶ月	63	89	77
5歳6ヶ月〜11ヶ月	88	82	85
6歳0ヶ月〜5ヶ月	87	94	90
6歳6ヶ月〜11ヶ月	94	92	93

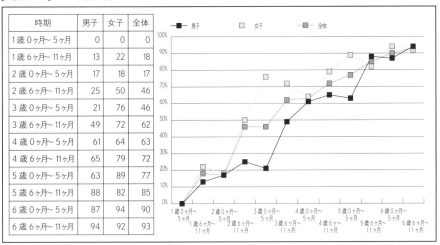

　箸をいつも使う習慣については、女児の方が自立が早く、3歳0ヶ月〜3歳5ヶ月に76％となる。男児は5歳6ヶ月〜5歳11ヶ月に88％となり、やっと自立する状況である。自立時の数値から、女児は3歳5ヶ月に近い年齢、男児は5歳6ヶ月に近い年齢での自立であると思われるが、約2歳の開きが見られる。全体としては4歳6ヶ月〜4歳11ヶ月に72％となるので、自立年齢は5歳に近い年齢であると思われる。ゆえに標準年齢は5歳といえる。男女ともに8割を超えるのは、5歳6ヶ月〜5歳11ヶ月の年齢段階になってからであり、箸以外の食具を使うことが少なくない様子がうかがえる。

　箸を使う習慣については、2歳頃からわしづかみが始まり、4歳頃にいつも使いたがるようになり、実際にいつも使うようになるのは5歳頃ということになる。

12. いつもコップでこぼさずに飲みますか

【図表Ⅱ-12】いつもコップでこぼさずに飲む割合

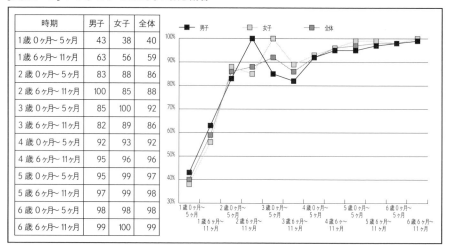

時期	男子	女子	全体
1歳0ヶ月〜5ヶ月	43	38	40
1歳6ヶ月〜11ヶ月	63	56	59
2歳0ヶ月〜5ヶ月	83	88	86
2歳6ヶ月〜11ヶ月	100	85	88
3歳0ヶ月〜5ヶ月	85	100	92
3歳6ヶ月〜11ヶ月	82	89	86
4歳0ヶ月〜5ヶ月	92	93	92
4歳6ヶ月〜11ヶ月	95	96	96
5歳0ヶ月〜5ヶ月	95	99	97
5歳6ヶ月〜11ヶ月	97	99	98
6歳0ヶ月〜5ヶ月	98	98	98
6歳6ヶ月〜11ヶ月	99	100	99

コップでこぼさず飲めるようになる習慣については、2歳0ヶ月〜2歳5ヶ月に86％で自立するので、標準年齢は2歳である。その前の年齢段階では60％程度であるので、その後急激に自立すると考えられる。コップの使用については、1歳頃から使いたがるようになり、それと同時にいつも自分でコップを使うようになる。そして2歳頃にはこぼさずに飲めるようになるということである。

13. いつもスプーンやフォークでこぼさずに食べますか

【図表Ⅱ‒13】いつもスプーンやフォークでこぼさずに食べる割合

時期	男子	女子	全体
1歳0ヶ月〜5ヶ月	0	13	7
1歳6ヶ月〜11ヶ月	13	11	12
2歳0ヶ月〜5ヶ月	22	41	31
2歳6ヶ月〜11ヶ月	50	50	50
3歳0ヶ月〜5ヶ月	21	55	37
3歳6ヶ月〜11ヶ月	47	63	56
4歳0ヶ月〜5ヶ月	71	75	73
4歳6ヶ月〜11ヶ月	70	77	74
5歳0ヶ月〜5ヶ月	64	86	76
5歳6ヶ月〜11ヶ月	80	86	83
6歳0ヶ月〜5ヶ月	82	90	86
6歳6ヶ月〜11ヶ月	82	95	87

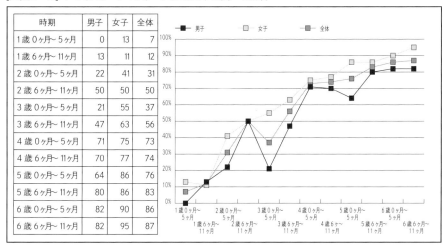

　スプーンやフォークを使ってこぼさずに食べられるようになるのは、4歳0ヶ月〜4歳5ヶ月の年齢段階で、73％で自立する。自立年齢は男女共に同じであるが、女児はその後加齢とともに数値が上昇するものの、男児は女児に比べやや低い値で上昇していく。70％に達するのは4歳6ヶ月〜4歳11ヶ月で、8割以上の子どもがこぼさずに食べられるようになるのは、5歳6ヶ月〜5歳11ヶ月の年齢段階である。ゆえに標準年齢は4歳6ヶ月と考えるのが妥当であろう。

　スプーンについては、1歳頃に使い始め、2歳頃にはいつも自分で使うようになる。そしてこぼさずに食べられるようになるのは4歳6ヶ月頃となる。

14. いつも箸を使ってこぼさずに食べますか

【図表Ⅱ - 14】いつも箸を使ってこぼさずに食べる割合

時期	男子	女子	全体
1歳0ヶ月〜5ヶ月	0	0	0
1歳6ヶ月〜11ヶ月	13	0	6
2歳0ヶ月〜5ヶ月	0	12	6
2歳6ヶ月〜11ヶ月	0	10	8
3歳0ヶ月〜5ヶ月	9	38	22
3歳6ヶ月〜11ヶ月	27	35	31
4歳0ヶ月〜5ヶ月	39	41	40
4歳6ヶ月〜11ヶ月	46	57	52
5歳0ヶ月〜5ヶ月	41	74	59
5歳6ヶ月〜11ヶ月	59	73	66
6歳0ヶ月〜5ヶ月	60	80	70
6歳6ヶ月〜11ヶ月	75	81	77

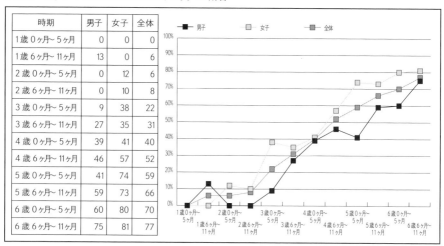

箸を使ってこぼさずに食べられるようになるのは、6歳0ヶ月〜6歳5ヶ月の年齢段階で、70％で自立する。しかしながら、男女差が大きく、この年齢段階では男児は60％、女児が80％となり、20％もの開きがある。男児は6歳6ヶ月〜6歳11ヶ月の年齢段階でやっと75％となり自立するのである。それに比べ女児は、5歳0ヶ月〜5歳5ヶ月の年齢段階で74％に達し自立している。つまり、1歳6ヶ月ほどの差があるということになる。いつも箸を使うようになるのは、前述（11.いつも箸を使っていますか）の通り5歳頃であるので、女児はその頃からあまりこぼさずに食べられるものの、男児は箸を使うようになってもこぼす状態である、ということがわかる。この差が生じる原因についてはアンケートからは分からないが、家庭でのしつけに何らかの男女差があることも考えられるのではないだろうか。標準年齢については、男女の合計が77％となる6歳6ヶ月とするのが適当であると考えられる。

15. いつもスプーンと茶碗の両方を持って、両手を使って食べますか

【図表Ⅱ‑15】いつもスプーンと茶碗の両方を両手で使って食べる割合

時期	男子	女子	全体
1歳0ヶ月〜5ヶ月	0	13	7
1歳6ヶ月〜11ヶ月	25	11	18
2歳0ヶ月〜5ヶ月	17	29	23
2歳6ヶ月〜11ヶ月	25	30	29
3歳0ヶ月〜5ヶ月	26	38	32
3歳6ヶ月〜11ヶ月	27	46	37
4歳0ヶ月〜5ヶ月	49	49	49
4歳6ヶ月〜11ヶ月	40	40	40
5歳0ヶ月〜5ヶ月	51	60	56
5歳6ヶ月〜11ヶ月	49	57	53
6歳0ヶ月〜5ヶ月	69	65	67
6歳6ヶ月〜11ヶ月	47	68	54

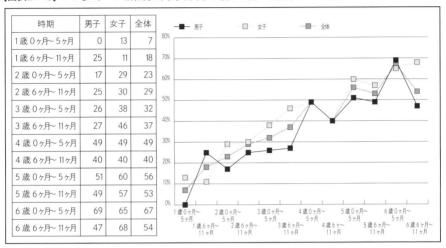

　スプーンと茶碗を両手に持って食べる習慣については、幼児期での自立は見られなかった。スプーンは2歳頃からいつも自分で使用しているが、茶碗を持ってスプーンを使用するという協応動作については自立しないということである。最も年齢の高い6歳6ヶ月〜6歳11ヶ月の年齢段階においても54%という数値であり、約半数は両手を使っての食事が習慣になっていないという実態が明らかになった。食具の使用については男女差が見られる項目が多いが、これについてはやや女児の成績が良いとはいえ、大きな差は見られない。

16. いつも箸と茶碗の両方を持って、両手を使って食べますか

【図表II−16】いつも箸と茶碗の両方を両手で使って食べる割合

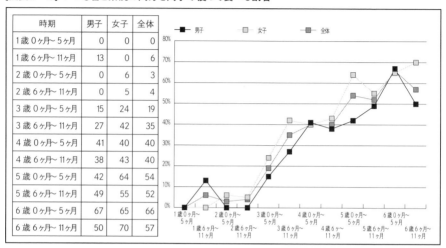

時期	男子	女子	全体
1歳0ヶ月〜5ヶ月	0	0	0
1歳6ヶ月〜11ヶ月	13	0	6
2歳0ヶ月〜5ヶ月	0	6	3
2歳6ヶ月〜11ヶ月	0	5	4
3歳0ヶ月〜5ヶ月	15	24	19
3歳6ヶ月〜11ヶ月	27	42	35
4歳0ヶ月〜5ヶ月	41	40	40
4歳6ヶ月〜11ヶ月	38	43	40
5歳0ヶ月〜5ヶ月	42	64	54
5歳6ヶ月〜11ヶ月	49	55	52
6歳0ヶ月〜5ヶ月	67	65	66
6歳6ヶ月〜11ヶ月	50	70	57

　茶碗と箸の両方を持って食事をする習慣については、幼児期での自立は見られなかった。スプーンと茶碗の場合と同様で、最も年齢の高い6歳6ヶ月〜6歳11ヶ月の年齢段階で57%である。加齢とともに増加しているため、小学校入学後には自立するものと思われるが、日常の食事で最も多く使用する箸と茶碗について、両手を同時に使用する協応動作ができていない状況は危惧される。6歳になっても6割ほどの幼児しか両手を使っておらず、マナーの視点からも、茶碗を持たずに食事をする幼児が多いことは問題であろう。

17. いつも箸を正しく持って使っていますか

【図表II－17】いつも箸を正しく使っている割合

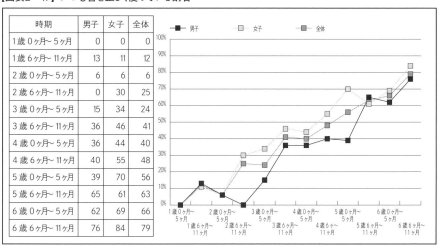

時期	男子	女子	全体
1歳0ヶ月〜5ヶ月	0	0	0
1歳6ヶ月〜11ヶ月	13	11	12
2歳0ヶ月〜5ヶ月	6	6	6
2歳6ヶ月〜11ヶ月	0	30	25
3歳0ヶ月〜5ヶ月	15	34	24
3歳6ヶ月〜11ヶ月	36	46	41
4歳0ヶ月〜5ヶ月	36	44	40
4歳6ヶ月〜11ヶ月	40	55	48
5歳0ヶ月〜5ヶ月	39	70	56
5歳6ヶ月〜11ヶ月	65	61	63
6歳0ヶ月〜5ヶ月	62	69	66
6歳6ヶ月〜11ヶ月	76	84	79

　箸を正しく使えるようになるのは、6歳6ヶ月〜6歳11ヶ月の年齢段階であり、79％で自立するという結果となっている。つまり箸を正しく使えるようになる標準年齢は6歳6ヶ月ということである。箸をいつも使うようになるのは5歳頃であるので、その後1年半を経て、正しく使えるようになるという経緯をたどる。また、箸の使い方については、加齢とともに正しく持てる割合が高くなってきている。この後も数値が向上する可能性はあると思われる。ただし、調査での回答の多くは保護者がしており、保護者から見て正しく使っている、ということであり、実際に箸を正しく使えている、ということを表しているわけではない。NPO法人子どもの生活科学研究会による2016年の調査結果[注1]では、5〜6歳頃の子どもで正しく箸を使えている割合はわずか5％である。

　一見正しい持ち方をしているように見える、ということであると理解する方が良いだろう。

18. いつも最後まで自分で食べますか

【図表Ⅱ-18】いつも最後まで自分で食べる割合

時期	男子	女子	全体
1歳0ヶ月〜5ヶ月	0	50	27
1歳6ヶ月〜11ヶ月	38	11	24
2歳0ヶ月〜5ヶ月	44	29	37
2歳6ヶ月〜11ヶ月	50	20	25
3歳0ヶ月〜5ヶ月	35	17	27
3歳6ヶ月〜11ヶ月	42	46	44
4歳0ヶ月〜5ヶ月	47	44	46
4歳6ヶ月〜11ヶ月	56	57	57
5歳0ヶ月〜5ヶ月	64	71	68
5歳6ヶ月〜11ヶ月	78	72	75
6歳0ヶ月〜5ヶ月	80	76	78
6歳6ヶ月〜11ヶ月	84	76	81

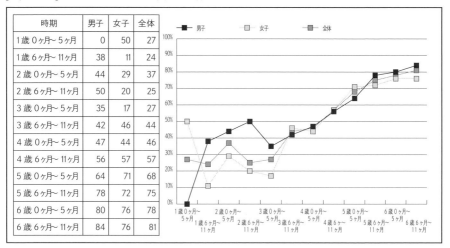

　最後まで自分で食事をするようになる標準年齢は5歳6ヶ月〜11ヶ月であり、75％で自立する。その後も加齢とともに割合は増え、小学校入学時には8割の子どもが最後まで自分で食べるようになる。しかし、言い換えると小学校入学時には2割近い子どもが最後まで自分一人で食べることができないということである。もちろん学校と家庭での状況は違うため、学校では自分で食べ終わることができるのかもしれないが、この値は不安な状況ではないだろうか。また、4歳頃では半数の子どもが自分で最後まで食べることができない。これでは、幼稚園や保育所などでの昼食時の保育者の負担は大きなものであると考えられる。最後まで一人で食べられない要因はいくつか考えられる。例えば、テレビなどがついていて集中できない、食具がうまく使えず途中でやめてしまう、空腹のリズムがついていない、といったことである。

　その際に保護者が食べさせるのか、食事を終了するのかについては、今回の調査からは明らかに出来ないが、食事の習慣についての保護者の意識の変化がうかがわれる結果である。

19. おやつの時間は決まっていますか

【図表Ⅱ‐19】おやつの時間が決まっている割合

時期	男子	女子	全体
1歳0ヶ月〜5ヶ月	57	88	73
1歳6ヶ月〜11ヶ月	75	48	76
2歳0ヶ月〜5ヶ月	78	82	80
2歳6ヶ月〜11ヶ月	50	65	63
3歳0ヶ月〜5ヶ月	62	45	54
3歳6ヶ月〜11ヶ月	49	67	59
4歳0ヶ月〜5ヶ月	71	70	71
4歳6ヶ月〜11ヶ月	65	63	64
5歳0ヶ月〜5ヶ月	71	74	73
5歳6ヶ月〜11ヶ月	75	71	73
6歳0ヶ月〜5ヶ月	62	78	70
6歳6ヶ月〜11ヶ月	72	70	71

　おやつの時間に関しては、1歳0ヶ月の段階から70％を超えている状態である。3歳代で少し値が下がるものの、他の年齢ではほぼ7割の子どもがおやつの時間を決めている状況がうかがえる。ただし、3割の子どもは、年齢にかかわらずおやつの時間が決まっていないということもいえる。

20. いつも朝食にどのくらいの時間がかかりますか
21. いつも夕食にどのくらいの時間がかかりますか

【表Ⅱ‐20・21】朝食・夕食の平均所要時間

	朝食平均	夕食平均
男子	22.6 分	31.4 分
女子	23.4 分	33.8 分
全体	23.0 分	32.7 分

　朝食にかかる所要時間の平均は、23.0分である。男女差は見られない。また、夕食にかかる所要時間の平均は32.7分である。こちらも男女差はほとんど見られない。朝食の所要時間の方が短いのは、朝食の方がメニュー数な

ども少なく、手軽に食べられる食事である場合が多いためであろう。また、朝はゆっくり食べる時間が確保しづらいのではないだろうか。夕食の場合は、朝食よりしっかりと食べる家庭が多いと考えられる。多くの家庭が、朝食より夕食に重きを置いており、時間をかけて食事を摂っている状況がうかがえる。

22. いつも食事の前に「いただきます」の挨拶をしますか

【図表Ⅱ‐22】いつも「いただきます」の挨拶をする割合

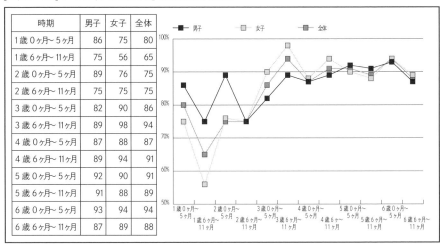

時期	男子	女子	全体
1歳 0ヶ月～5ヶ月	86	75	80
1歳 6ヶ月～11ヶ月	75	56	65
2歳 0ヶ月～5ヶ月	89	76	75
2歳 6ヶ月～11ヶ月	75	75	75
3歳 0ヶ月～5ヶ月	82	90	86
3歳 6ヶ月～11ヶ月	89	98	94
4歳 0ヶ月～5ヶ月	87	88	87
4歳 6ヶ月～11ヶ月	89	94	91
5歳 0ヶ月～5ヶ月	92	90	91
5歳 6ヶ月～11ヶ月	91	88	89
6歳 0ヶ月～5ヶ月	93	94	94
6歳 6ヶ月～11ヶ月	87	89	88

　食事の前に「いただきます」をいう習慣は、1歳0ヶ月～1歳5ヶ月の年齢段階ですでに80％となり自立している。ゆえに標準年齢は1歳である。その後多少は増減があるものの、8～9割の子どもが習慣として身についていることがわかる。ただし、5歳頃からは大きな変化がなく、1割程度の子どもは食事前の挨拶が習慣になっていないということができる。なお、「いただきます」とはっきりとした言葉でいえる場合だけでなく、1歳代は言葉に代わる動作なども含まれていると考えた方が良いだろう。

23. いつも食事の後に「ごちそうさま」の挨拶をしますか

【図表Ⅱ-23】 いつも「ごちそうさま」の挨拶をする割合

時期	男子	女子	全体
1歳0ヶ月～5ヶ月	71	63	67
1歳6ヶ月～11ヶ月	75	67	71
2歳0ヶ月～5ヶ月	78	82	80
2歳6ヶ月～11ヶ月	75	79	88
3歳0ヶ月～5ヶ月	94	79	87
3歳6ヶ月～11ヶ月	82	93	88
4歳0ヶ月～5ヶ月	88	90	89
4歳6ヶ月～11ヶ月	90	92	91
5歳0ヶ月～5ヶ月	95	93	94
5歳6ヶ月～11ヶ月	93	87	90
6歳0ヶ月～5ヶ月	96	90	93
6歳6ヶ月～11ヶ月	85	92	88

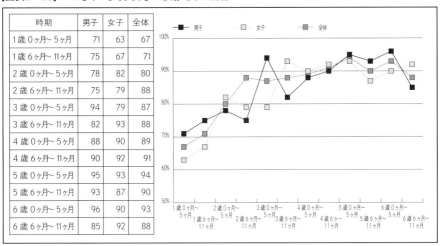

食後の「ごちそうさま」をいう習慣は、「いただきます」の習慣より半年遅い、1歳6ヶ月～1歳11ヶ月の年齢段階に71%で自立し、2歳0ヶ月～2歳5ヶ月に80%となる。ゆえに標準年齢は2歳といえる。その後も加齢とともになだらかに増加し、小学校入学前の段階で9割の子どもは習慣になっている状況である。「いただきます」とほぼ同じである。「いただきます」「ごちそうさま」の挨拶については、家庭でもしっかりとしつけていると考えることができる。

3．食事の習慣の問題点

1）一人で最後まで食事をする習慣の遅れ

【図表Ⅱ–ⅰ】食事が一人でできることの比較

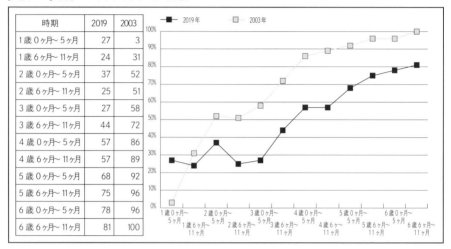

時期	2019	2003
1歳0ヶ月〜5ヶ月	27	3
1歳6ヶ月〜11ヶ月	24	31
2歳0ヶ月〜5ヶ月	37	52
2歳6ヶ月〜11ヶ月	25	51
3歳0ヶ月〜5ヶ月	27	58
3歳6ヶ月〜11ヶ月	44	72
4歳0ヶ月〜5ヶ月	57	86
4歳6ヶ月〜11ヶ月	57	89
5歳0ヶ月〜5ヶ月	68	92
5歳6ヶ月〜11ヶ月	75	96
6歳0ヶ月〜5ヶ月	78	96
6歳6ヶ月〜11ヶ月	81	100

　一人で最後まで食事をすることが習慣になるのは、今回調査の結果では5歳6ヶ月であった。谷田貝公昭・髙橋弥生[注2]による2003年に行われた同様の調査では、今回より2年も早い3歳6ヶ月で自立が見られている。つまり、幼稚園に入園する頃の3歳6ヶ月頃には、7割の子どもが一人で最後まで食べ終えることができていたということである。しかし今回の調査では、3歳6ヶ月の年齢段階では44.1％しか一人で食べ終えることができる幼児はいないのである。6割近い子どもは、食べ終えるまでに何らかの大人の援助が必要ということである。2003年には、自立後も加齢とともに値がどんどん増加し、小学校入学前には100％に達する。この状況であれば、小学校入学時の心配はないのであるが、今回の調査では自立が遅いうえにその値も低い。最後の年齢段階であっても、81.0％で、2003年の100％には遠く及ばない。このまま小学校に入学するのであれば、小学校での短時間での給食を一人で食べ終

えることができるのかどうか不安が残る状態である。

　家庭での食事の際に、大人が手を出しすぎるのか、子どもが自分でやろうとするのを大人が止めてしまっているのか、果たしてどのような状況で食事をしているのか、今後明らかにし、この習慣を見直す必要を感じる。

２）両手を使用する習慣の遅れ

【図表Ⅱ-ii】箸と茶碗を両手に持って食べることの比較

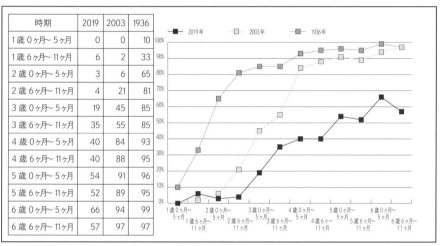

時期	2019	2003	1936
1歳0ヶ月〜5ヶ月	0	0	10
1歳6ヶ月〜11ヶ月	6	2	33
2歳0ヶ月〜5ヶ月	3	6	65
2歳6ヶ月〜11ヶ月	4	21	81
3歳0ヶ月〜5ヶ月	19	45	85
3歳6ヶ月〜11ヶ月	35	55	85
4歳0ヶ月〜5ヶ月	40	84	93
4歳6ヶ月〜11ヶ月	40	88	95
5歳0ヶ月〜5ヶ月	54	91	96
5歳6ヶ月〜11ヶ月	52	89	95
6歳0ヶ月〜5ヶ月	66	94	99
6歳6ヶ月〜11ヶ月	57	97	97

　【図表Ⅱ-ii】は、箸と茶碗を両手に持って使用することができる子どもの割合である。谷田貝ら[注2]の調査が2003年であり、さらに1936年に行われた山下俊郎による調査[注3]も比較のためにグラフに含めている。左右の手が違う動きをしつつ、一つの目的を持った動きをする協応動作は、非常に脳を活発に働かせる動作である。これができるということは、それだけ身体的な機能が分化していることを示しているといえるだろう。しかし、今回の調査では小学校入学前の年齢段階でも57.1％で、自立には程遠い数値となった。小学校入学直前の子どもの4割ほどは、茶碗を持たずに食事をしているということである。箸を持っている手しか使っていないのだろうか。それとも、もう片方の手は茶碗を持つ以外の動作をしているのであろうか。子どもの食

事の様子を見ていると、箸を持っていない方の手は使っていないか、せいぜい茶碗を支えている程度であることが多い。両手が十分に働いていない状態である。

2003年の谷田貝ら調査では、4歳の段階で8割を超える数値で自立している。1936年の山下調査では、さらに早い2歳半でできている子どもの割合が8割を超えているのである。つまり、2歳半頃には両手の手指の運動機能は育っているのである。しかし現代の子ども達は、1936年の自立年齢である2歳半で両手を使えている子どもはわずか4.2%、2003年の自立年齢4歳では40.4%と、大変低い数値であった。手を使わないということは、脳を使っていないということである。箸を使ってこぼさずに食べられるようになる年齢も今回の調査では6歳6ヶ月であり、大変遅い。このことについても、茶碗を持たずに食べていればこぼしがなくならないのもうなずける。

４．概括

・離乳食の開始の平均は6ヶ月、終了の平均は1歳3ヶ月である。
・自分から食べようとする標準年齢は1歳0ヶ月である。
・コップやスプーンを使いたがるようになる標準年齢は1歳0ヶ月である。
・コップでこぼさずに飲めるようになる標準年齢は2歳0ヶ月である。
・スプーンやフォークでこぼさずに食べられるようになる標準年齢は4歳6ヶ月である。
・箸を使いたがるようになる標準年齢は3歳6ヶ月頃である。
・箸のわしづかみがなくなる標準年齢は2歳6ヶ月である。
・箸でこぼさずに食べられるようになる標準年齢は6歳6ヶ月である。
・箸やスプーンと茶碗を両手で持って食事をする習慣は、小学校入学以前には自立しない（身につかない）。
・箸を正しく持てるようになる標準年齢は6歳6ヶ月である。
・最後まで一人で食事ができるようになる標準年齢は5歳6ヶ月である。

・朝食にかかる所要時間の平均は23.0分、夕食にかかる所要時間の平均は32.7分である。

・「いただきます」をいうようになる標準年齢は1歳0ヶ月、「ごちそうさま」をいうようになる標準年齢は2歳0ヶ月である。

【引用・参考文献】

（注1）NPO法人子どもの生活科学研究『箸の持ち方・使い方　鉛筆の持ち方・使い方　ナイフで鉛筆を削る動作の実態に関する調査研究報告書』NPO法人子どもの生活科学研究会、2017年

（注2）谷田貝公昭・高橋弥生『第3版　データでみる　幼児の基本的生活習慣』一藝社、2016年

（注3）山下俊郎『保育学講座⑤幼児の生活指導』フレーベル館、1972年

食事の習慣の自立の標準年齢

年齢	習　　　　慣
1歳0ヶ月	自分から食べようとする　コップやスプーンを使いたがる　コップで自分で飲む いただきますをいう　　　　好き嫌いがある
1歳6ヶ月	
2歳0ヶ月	コップでこぼさず飲める　　　スプーンで自分で食べる　　　ごちそうさまをいう
2歳6ヶ月	箸のわしづかみがなくなる
3歳0ヶ月	
3歳6ヶ月	箸を使いたがる
4歳0ヶ月	
4歳6ヶ月	スプーンやフォークでこぼさず食べる
5歳0ヶ月	いつも箸を使う
5歳6ヶ月	最後まで一人で食事ができる
6歳0ヶ月	
6歳6ヶ月	箸でこぼさずに食べられる　　　　　　　箸を正しく持てる
6歳11ヶ月までに自立しない項目	箸やスプーンと茶碗を両手で持って食べる

Ⅲ 睡眠の習慣

1．睡眠の習慣とは

　子どもの基本的生活習慣において、どの習慣が最も大切か、順位をつけることはできない。それでも、睡眠の習慣は特に重要なことではないか。生活習慣や一日の生活リズムは、睡眠の時間を基本にして、日々の生活が行われている。一方で、一番軽視されがちなのも、睡眠の習慣かもしれない。眠らない人間はおらず、何もしなくても眠くなれば寝るので、しつけや教えるものではないと思われているからである。

　睡眠は、人間の心身の発達において大きく影響する。発達の著しい幼少期は、より一層影響力は大きいであろう。「寝る子は育つ」「早寝早起き」という言葉の重要性は、昔から伝え聞いているが、いざ自分がその場に直面してみると、他方に目が向いてしまうのである。昨今では、夜の街中で就学児童だけでなく、乳幼児が見られる場面も少なくない。そのような生活に慣れ、睡眠の習慣が乱れたり、生活リズムが崩れたりしていて、子どもは健やかに成長できるのであろうか。

　現代の子どもの睡眠の習慣を明らかにし、今後の子どものより良い発達に必要なことを考える。

２．調査結果

24. 寝るときはいつも添い寝をしていますか

【図表Ⅲ－24】いつも添い寝をしている割合

時期	男子	女子	全体
1歳0ヶ月～5ヶ月	100	88	93
1歳6ヶ月～11ヶ月	88	78	82
2歳0ヶ月～5ヶ月	83	100	91
2歳6ヶ月～11ヶ月	100	85	88
3歳0ヶ月～5ヶ月	94	76	86
3歳6ヶ月～11ヶ月	87	81	83
4歳0ヶ月～5ヶ月	77	81	79
4歳6ヶ月～11ヶ月	75	79	77
5歳0ヶ月～5ヶ月	83	86	84
5歳6ヶ月～11ヶ月	69	77	73
6歳0ヶ月～5ヶ月	58	63	61
6歳6ヶ月～11ヶ月	74	70	72

　子どもの頃、眠りつく時にいつも親が近くにいたり、背中やお腹を優しくとんとんたたいてくれたりした思い出が誰にもあるのではないだろうか。添い寝は、親が子どもとのスキンシップをもたらし、親子の信頼関係を作る機会ともなる。添い寝をする年齢別の割合は上記の図表の通りである。5歳5ヶ月以下は、いずれも高い結果となった。6歳0ヶ月で70％を下回るが、6歳6ヶ月以降に再び超えるため、今回の研究の調査対象の年齢では、添い寝を必要としなくなる習慣は自立しない。

　日中思いっきり動いて遊んで、夜は疲れて、自分からぐっすり眠る、とは必ずしもできることではない。まだ一日の生活のリズムが身についていない低年齢児の子どもであればなおのこと、親が寝かしつけてやる必要がある。「人の睡眠は、誕生から1歳、遅くとも2歳には、1日中眠っている状態から『昼は起きて活動し、夜は静かに眠る』という、社会生活に適し

た形に発達していくのです。」^(注1)と述べられているように、おおよそ2歳頃には1日の生活の中での睡眠の習慣は身につくので、添い寝は不要となるようである。しかし本調査では、幼児期には添い寝が不要になる年齢はないという結果となり、2003（平成15）年の谷田貝公昭らの調査^(注2)（以下、谷田貝ら調査とする）と大きな差がある。夜間の睡眠が習慣としては身についてはいるが、添い寝についてはそれが不要と思われる年齢になっても続いているということが考えられる。

○添い寝の比較

【図表Ⅲ-24-2】添い寝の比較

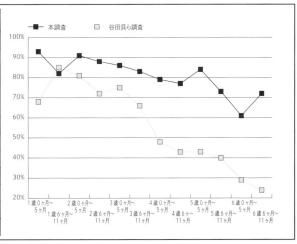

時期	本調査	谷田貝ら調査
1歳0ヶ月〜5ヶ月	93	68
1歳6ヶ月〜11ヶ月	82	85
2歳0ヶ月〜5ヶ月	91	81
2歳6ヶ月〜11ヶ月	88	72
3歳0ヶ月〜5ヶ月	86	75
3歳6ヶ月〜11ヶ月	83	66
4歳0ヶ月〜5ヶ月	79	48
4歳6ヶ月〜11ヶ月	77	43
5歳0ヶ月〜5ヶ月	84	43
5歳6ヶ月〜11ヶ月	73	40
6歳0ヶ月〜5ヶ月	61	29
6歳6ヶ月〜11ヶ月	72	24

　10年以上前の谷田貝ら調査^(注2)では、「寝るとき添い寝がいりますか」と質問の形式が異なるため、参考程度ではあるが、比較してみると、図表Ⅲ-24-2となる。全体的に本調査の方が高い割合を示す結果となった。谷田貝ら調査では、2歳6ヶ月の段階で80％を下回り、その後も下降する傾向が見られ、6歳6ヶ月の段階が添い寝を必要としなくなる標準年齢となっている。しかし、本調査の年齢段階では、その様子はあまり見られなかった。現在の方が添い寝をすることを重要視しているのであろうか。添い寝の効

果として、寝かしつけることよりも、コミュニケーション・スキンシップが重要視されていることが考えられる。いくつになっても添い寝しないと寝られない、ということでは問題視しなくてはならないが、幼児の間ぐらいは、親子のコミュニケーションとして、添い寝は良いことなのではないか。

25. いつもパジャマに着替えて寝ますか

【図表Ⅲ‐25】いつもパジャマに着替えて寝る割合

時期	男子	女子	全体
1歳 0ヶ月～5ヶ月	100	75	87
1歳 6ヶ月～11ヶ月	100	100	100
2歳 0ヶ月～5ヶ月	100	94	97
2歳 6ヶ月～11ヶ月	100	100	100
3歳 0ヶ月～5ヶ月	94	90	92
3歳 6ヶ月～11ヶ月	100	98	99
4歳 0ヶ月～5ヶ月	96	96	96
4歳 6ヶ月～11ヶ月	99	98	98
5歳 0ヶ月～5ヶ月	100	97	98
5歳 6ヶ月～11ヶ月	98	98	98
6歳 0ヶ月～5ヶ月	98	98	98
6歳 6ヶ月～11ヶ月	94	100	96

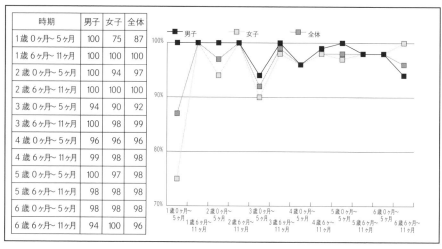

寝るときに、パジャマに着替える習慣は、上記の図表の結果となった。どの年齢段階においても、高い水準となった。パジャマに着替えて寝る標準年齢は1歳といえる。それだけ、"寝るときはパジャマに着替えて眠る"という意識が親に強いようである。

パジャマに着替えるということは、日中の活動とは違う、眠るときの格好になり、入眠する気持ちに自ら切り替える意味もある。「寝るときはパジャマに着替える」という習慣が、いつしか「パジャマに着替えたら寝る」という意識が作られるようになっていく。子どもの睡眠の習慣において、大きな役割を持っていると考えられる。

26. いつも自分でパジャマに着替えて寝ますか

【図表Ⅲ – 26】いつも自分でパジャマに着替える割合

時期	男子	女子	全体
1歳0ヶ月～5ヶ月	0	0	0
1歳6ヶ月～11ヶ月	13	1	12
2歳0ヶ月～5ヶ月	0	41	20
2歳6ヶ月～11ヶ月	50	40	42
3歳0ヶ月～5ヶ月	50	52	51
3歳6ヶ月～11ヶ月	64	79	73
4歳0ヶ月～5ヶ月	69	81	74
4歳6ヶ月～11ヶ月	81	83	82
5歳0ヶ月～5ヶ月	92	91	91
5歳6ヶ月～11ヶ月	93	88	91
6歳0ヶ月～5ヶ月	91	98	95
6歳6ヶ月～11ヶ月	93	92	92

　自分でパジャマに着替えられるかどうかの結果は、上記の図表の通りである。全体的に右上がりで、3歳6ヶ月～3歳11ヶ月で73%になり自立し、4歳0ヶ月～4歳5ヶ月で74%となる。その後も70%を下回ることはない。ゆえに標準年齢は4歳といえる。これについては、着脱衣の習慣と大きく関係があると思われる。子ども用パジャマにはTシャツのように被って着られるものもあれば、前がボタンになっているものもある。前出アンケートの「61. いつも洋服の前ボタンを自分でかけますか」（p.94）の項目で80%を超えるのは4歳6ヶ月であるため、おおよそ一致している。自分で出来るようになると、パジャマも自分で着る習慣が身についているようである。

27. 平日の夜は何時頃に寝ますか

【図表Ⅲ – 27】就寝時刻の分布

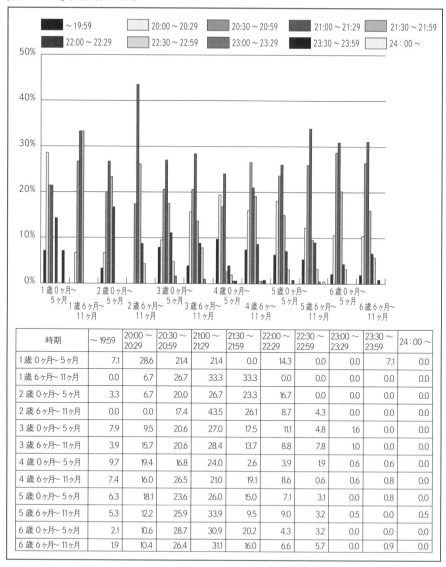

時期	～19:59	20:00～20:29	20:30～20:59	21:00～21:29	21:30～21:59	22:00～22:29	22:30～22:59	23:00～23:29	23:30～23:59	24：00～
1歳0ヶ月～5ヶ月	7.1	28.6	21.4	21.4	0.0	14.3	0.0	0.0	7.1	0.0
1歳6ヶ月～11ヶ月	0.0	6.7	26.7	33.3	33.3	0.0	0.0	0.0	0.0	0.0
2歳0ヶ月～5ヶ月	3.3	6.7	20.0	26.7	23.3	16.7	0.0	0.0	0.0	0.0
2歳6ヶ月～11ヶ月	0.0	0.0	17.4	43.5	26.1	8.7	4.3	0.0	0.0	0.0
3歳0ヶ月～5ヶ月	7.9	9.5	20.6	27.0	17.5	11.1	4.8	1.6	0.0	0.0
3歳6ヶ月～11ヶ月	3.9	15.7	20.6	28.4	13.7	8.8	7.8	1.0	0.0	0.0
4歳0ヶ月～5ヶ月	9.7	19.4	16.8	24.0	2.6	3.9	1.9	0.6	0.6	0.0
4歳6ヶ月～11ヶ月	7.4	16.0	26.5	21.0	19.1	8.6	0.6	0.6	0.8	0.0
5歳0ヶ月～5ヶ月	6.3	18.1	23.6	26.0	15.0	7.1	3.1	0.0	0.8	0.0
5歳6ヶ月～11ヶ月	5.3	12.2	25.9	33.9	9.5	9.0	3.2	0.5	0.0	0.5
6歳0ヶ月～5ヶ月	2.1	10.6	28.7	30.9	20.2	4.3	3.2	0.0	0.0	0.0
6歳6ヶ月～11ヶ月	1.9	10.4	26.4	31.1	16.0	6.6	5.7	0.0	0.9	0.0

幼児の就寝時刻をグラフにまとめると、図表Ⅲ-27の通りになる。どの年齢段階も、およそ21：00～21:29を中心に集中している。中には、18:30であったり、24:00であったりする回答も見られた。また、年齢段階によって就寝時刻が早まったり遅くなったりはしていない。各年齢の就寝時刻の平均をグラフに示すと図表Ⅲ-27-2となる。

【図表Ⅲ-27-2】平均就寝時刻

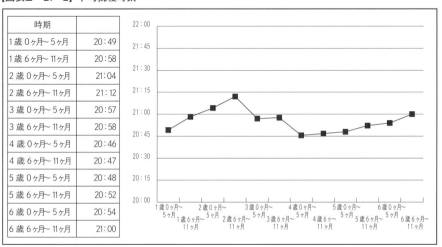

時期	
1歳0ヶ月～5ヶ月	20：49
1歳6ヶ月～11ヶ月	20：58
2歳0ヶ月～5ヶ月	21：04
2歳6ヶ月～11ヶ月	21：12
3歳0ヶ月～5ヶ月	20：57
3歳6ヶ月～11ヶ月	20：58
4歳0ヶ月～5ヶ月	20：46
4歳6ヶ月～11ヶ月	20：47
5歳0ヶ月～5ヶ月	20：48
5歳6ヶ月～11ヶ月	20：52
6歳0ヶ月～5ヶ月	20：54
6歳6ヶ月～11ヶ月	21：00

　21:00を中心に、おおよそ横ばいである。身体の成長が著しい乳幼児期に、就寝時刻が約21:00というのは、やや遅い印象を受ける。就寝時刻が遅いことによって、起床時刻が遅くなったり、睡眠時間が短くなり睡眠不足の恐れもあるのではないか。

　子どもの就寝時刻は、保護者や周りの大人の影響が大きい。ほうっておけば自然と眠り、それで成長するというものではない。子どもの就寝時刻は大人がしつけなければ身につかない。子どもがしっかりと睡眠時間を確保し、心身の成長を促すためには、保護者のしつけが必要である。子ども自身が眠る準備をする気持ちがもてるように、入眠までにすることの段取りを決めることも大事である。また、夜疲れてぐっすり眠れるように、昼間に活動させてやることも、大人の役割であろう。

近年は、テレビに限らず、パソコン、スマートフォンやタブレットなど、子どもの周りにもメディアが溢れている。寝る前にそれらを長時間視聴していたり、入眠する直前まで視聴したりしている子どもも少なくないだろう。しかしそれによって、脳細胞が興奮して寝つきが悪くなったり、睡眠を促すホルモン（メラトニン）の分泌が弱まるとも言われている。子どもが楽しんでいるから仕方が無い、むしろ親自身が一緒に見て楽しんでいる、などと言うことがあるようであれば、子どもの成長において、大きな問題である。またそれは、睡眠の習慣に限ったことではないだろう。昔とは違い、現代社会において、今後も必ず目を向けなければならない問題点となるだろう。

子どもの就寝時刻が遅くなっているのは、親の影響が大きいのは前述の通りだが、なぜそのような遅くてもいい（遅いことが問題とは思わない）という意識があるのであろうか。現在、親となっている世代は、自身が子どもの頃に、遅くまで勉強していることが良いことで、早く寝るようにしつけをされていなかったということが考えられる。そうして育ってきて、自身が親になった時に影響しているのではないか。幼児であっても、遅く寝ることが良いこととまではいかないが、悪いとは思わず、子どもの就寝時刻が遅くなっていることにも影響しているのではないかと考えられる。

28. 平日の朝は何時頃起きますか

起床時刻をまとめたものが図表III‒28となる。6:30か7:00に集中しており、次いで6:00が多い傾向となった。9:00以降に起床する回答は見られなかった。今回の調査で最も早い起床時刻は5:00で、最も遅いのが8:30であった。図表III‒28‒2の通り、どの年齢段階でも、平均時刻はおよそ6:30〜7:00の間で、ほぼ横ばいであった。幼稚園・保育所に通う子どもが対象であったため、遅い時刻が目立つ回答はほとんど見られなかった。習慣となっていればおそらく、就学後も起床時刻は同様であるのではないかと予想される。就寝時刻は平均的に遅いことが気になるが、起床時刻はそのような

ことはなかった。それだけ、子どもの睡眠時間が短くなっているのではないかと危惧される。

【図表Ⅲ-28】起床時刻の分布

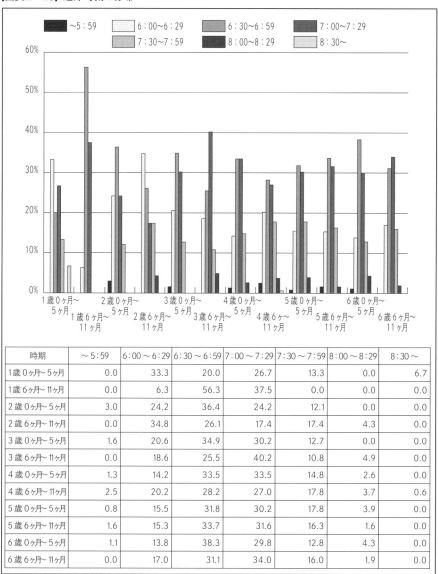

時期	～5:59	6:00～6:29	6:30～6:59	7:00～7:29	7:30～7:59	8:00～8:29	8:30～
1歳0ヶ月～5ヶ月	0.0	33.3	20.0	26.7	13.3	0.0	6.7
1歳6ヶ月～11ヶ月	0.0	6.3	56.3	37.5	0.0	0.0	0.0
2歳0ヶ月～5ヶ月	3.0	24.2	36.4	24.2	12.1	0.0	0.0
2歳6ヶ月～11ヶ月	0.0	34.8	26.1	17.4	17.4	4.3	0.0
3歳0ヶ月～5ヶ月	1.6	20.6	34.9	30.2	12.7	0.0	0.0
3歳6ヶ月～11ヶ月	0.0	18.6	25.5	40.2	10.8	4.9	0.0
4歳0ヶ月～5ヶ月	1.3	14.2	33.5	33.5	14.8	2.6	0.0
4歳6ヶ月～11ヶ月	2.5	20.2	28.2	27.0	17.8	3.7	0.6
5歳0ヶ月～5ヶ月	0.8	15.5	31.8	30.2	17.8	3.9	0.0
5歳6ヶ月～11ヶ月	1.6	15.3	33.7	31.6	16.3	1.6	0.0
6歳0ヶ月～5ヶ月	1.1	13.8	38.3	29.8	12.8	4.3	0.0
6歳6ヶ月～11ヶ月	0.0	17.0	31.1	34.0	16.0	1.9	0.0

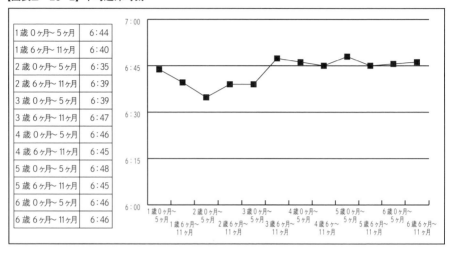

1歳0ヶ月〜5ヶ月	6：44
1歳6ヶ月〜11ヶ月	6：40
2歳0ヶ月〜5ヶ月	6：35
2歳6ヶ月〜11ヶ月	6：39
3歳0ヶ月〜5ヶ月	6：39
3歳6ヶ月〜11ヶ月	6：47
4歳0ヶ月〜5ヶ月	6：46
4歳6ヶ月〜11ヶ月	6：45
5歳0ヶ月〜5ヶ月	6：48
5歳6ヶ月〜11ヶ月	6：45
6歳0ヶ月〜5ヶ月	6：46
6歳6ヶ月〜11ヶ月	6：46

　起床時刻は、幼稚園・保育所に、おおよそ決まった時刻には行かなければならず、また、両親が共働きであれば、親自身が仕事に遅れないようにし、子どもの登園時刻も遅れないようにしなければならない。このように、就寝時刻と違い、大きくばらつくことはない。睡眠時間を確保できるように起床時刻を遅くすることはできないのである。そのため、子どもの睡眠時間を十分に確保するには、就寝時刻を早くするしかないのである。このように、起床時刻は親の意識が強く、決まった時間に子どもを起こす、あるいは起きられるようにしつけはするが、就寝時刻はしつけるという意識が弱いのではないか。

　一方で、本調査では最も遅く起きるのは8時半であったが、そのような状況は、起きてすぐに、まだ頭も起きていない状態で、朝の身支度をし、あるいは、やらされて、目は開いているがまだ眠っているような状態で、登園していることもあるかもしれない。そうすると、幼稚園・保育所で生活している間もぼーっとして、半日や一日を過ごしてしまうのではないだろうか。またそれは、起床時刻が早くても、しっかりと睡眠時間を確保できていない

子どももそうであろう。子どもが日中、思いっきり仲間と遊び、様々な体験をするためには、睡眠時間は重要であり、それをしつけるのは保護者なのである。

○夜間睡眠時間

アンケートの問 27 及び 28 の結果から、夜就寝して、朝起床するまでの時間（以下、夜間睡眠時間という）を求め、まとめたものが図表Ⅲ−28−3である。3 歳 6 ヶ月以降は、最も多いのが 10 時間〜10 時間 29 分であった。次いで 10 時間 30 分〜10 時間 59 分、9 時間 30 分〜9 時間 59 分とその前後に集中している傾向となった。3 歳 6 ヶ月未満は年齢によって様々であるが、全体的に 9 時間〜10 時間 29 分に集中している。本調査においては、最短が 6 時間 30 分であり、最長が 12 時間 30 分であった。

年齢別に平均値での比較をしたものが図表Ⅲ−28−4となる。いずれの年齢も 9 時間 27 分（9.45 時間）〜10 時間の間であった。年齢による大きな差はなく、右肩下がりになるなどの規則性は見られなかった。

睡眠時間は、子どもの心身の成長にとって、大きな影響を与える。年齢が低ければ低いほど、その重要度は増していく。しかし、今回の調査では、年齢が上がるにつれて睡眠時間が短くなっていくという傾向は見られなかった。低年齢であればあるほど身体は未熟であり、その分睡眠時間の確保は必要なのではないだろうか。乳児の睡眠時間の短さが懸念される。一方で、この調査結果は夜間での睡眠時間のみで計算を行っている。そのため、昼寝の時間は考慮していない。昼寝時間との合わせての結果・考察は後述する。

【図表Ⅲ－28-3】夜間睡眠時間

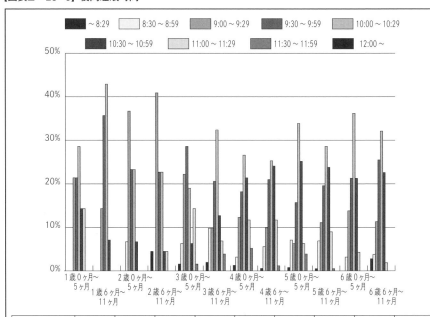

時期	～8:29	8:30～8:59	9:00～9:29	9:30～9:59	10:00～10:29	10:30～10:59	11:00～11:29	11:30～11:59	12:00～
1歳0ヶ月～5ヶ月	0.0	0.0	21.4	21.4	28.6	14.3	14.3	0.0	0.0
1歳6ヶ月～11ヶ月	0.0	0.0	14.3	35.7	42.9	7.1	0.0	0.0	0.0
2歳0ヶ月～5ヶ月	0.0	6.7	36.7	23.3	23.3	6.7	0.0	0.0	3.3
2歳6ヶ月～11ヶ月	4.5	0.0	40.9	22.7	22.7	4.5	4.5	0.0	0.0
3歳0ヶ月～5ヶ月	1.6	6.3	22.2	28.6	19.0	6.3	14.3	1.6	0.0
3歳6ヶ月～11ヶ月	2.0	9.8	9.8	20.6	32.4	12.7	6.9	3.9	1.0
4歳0ヶ月～5ヶ月	1.3	3.2	12.3	18.2	26.6	21.4	11.7	5.2	0.0
4歳6ヶ月～11ヶ月	0.6	5.6	9.9	21.0	25.3	24.1	11.7	1.2	0.6
5歳0ヶ月～5ヶ月	0.8	7.1	6.3	15.7	33.9	25.2	6.3	3.9	0.8
5歳6ヶ月～11ヶ月	0.5	6.9	11.1	19.6	28.6	23.8	9.0	0.5	0.0
6歳0ヶ月～5ヶ月	0.0	3.2	13.8	21.3	36.2	21.3	4.3	0.0	0.0
6歳6ヶ月～11ヶ月	2.8	3.8	11.3	25.5	32.1	22.6	1.9	0.0	0.0

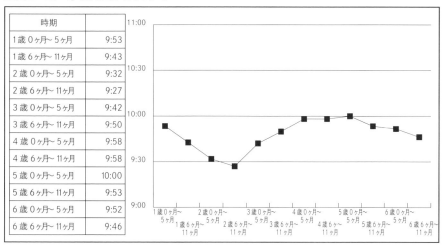

時期	
1 歳 0ヶ月～ 5ヶ月	9:53
1 歳 6ヶ月～ 11ヶ月	9:43
2 歳 0ヶ月～ 5ヶ月	9:32
2 歳 6ヶ月～ 11ヶ月	9:27
3 歳 0ヶ月～ 5ヶ月	9:42
3 歳 6ヶ月～ 11ヶ月	9:50
4 歳 0ヶ月～ 5ヶ月	9:58
4 歳 6ヶ月～ 11ヶ月	9:58
5 歳 0ヶ月～ 5ヶ月	10:00
5 歳 6ヶ月～ 11ヶ月	9:53
6 歳 0ヶ月～ 5ヶ月	9:52
6 歳 6ヶ月～ 11ヶ月	9:46

29. いつも昼寝をしますか

【図表Ⅲ – 29】いつも昼寝をする割合

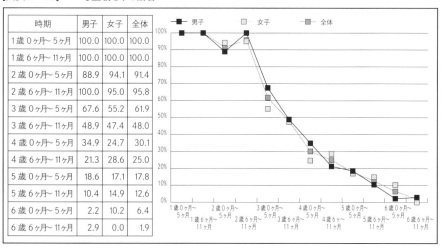

時期	男子	女子	全体
1 歳 0ヶ月～ 5ヶ月	100.0	100.0	100.0
1 歳 6ヶ月～ 11ヶ月	100.0	100.0	100.0
2 歳 0ヶ月～ 5ヶ月	88.9	94.1	91.4
2 歳 6ヶ月～ 11ヶ月	100.0	95.0	95.8
3 歳 0ヶ月～ 5ヶ月	67.6	55.2	61.9
3 歳 6ヶ月～ 11ヶ月	48.9	47.4	48.0
4 歳 0ヶ月～ 5ヶ月	34.9	24.7	30.1
4 歳 6ヶ月～ 11ヶ月	21.3	28.6	25.0
5 歳 0ヶ月～ 5ヶ月	18.6	17.1	17.8
5 歳 6ヶ月～ 11ヶ月	10.4	14.9	12.6
6 歳 0ヶ月～ 5ヶ月	2.2	10.2	6.4
6 歳 6ヶ月～ 11ヶ月	2.9	0.0	1.9

昼寝をする子どもの割合をまとめたものが図表Ⅲ‐29となる。3歳0ヶ月頃から右肩下がりとなり、4歳6ヶ月〜4歳11ヶ月の年齢段階でいつも昼寝をするものは25%となり、6歳以降は10%を下回る。ゆえに昼寝が不要となる標準年齢は4歳6ヶ月となる。

　昼寝は、14時頃にサーカ・セメディアンリズムと呼ばれる体内時計によってあらわれる眠気で、自然に起こる生理現象である。また、2歳頃までは脳や身体の成長が未熟なために必要な習慣である。3歳を過ぎるあたりから徐々に減少していき、昼寝で睡眠時間を補わなくても、夜間睡眠で十分足りるようになっていく。

　昼寝の消失時期を、過去のデータと比較する。基本的生活習慣の研究のデータが、谷田貝ら調査[注2]のものと、1935（昭和10）年の山下俊郎の調査[注3]のものがある。両者をまとめたものが図表Ⅲ‐29‐2である。どちらの研究結果でも、年齢段階が上がるにつれて、右肩下がりに減少している。本調査の結果は全体的に、約85年前よりは昼寝をしている割合は高く、昼寝が消失する年齢段階は遅くなっているが、約15年前よりは昼寝の割合は低くなっており、消失するのは早まっている。それだけ、昔（約85年前）に比べるとまだ昼寝の役割は大きいが、以前（約15年前）に比べると役割は弱まってきているようである。あるいは、昼寝に限るのではなく、全体的に睡眠時間が短くなっているのかもしれない。また、本調査と谷田貝ら調査は3歳0ヶ月頃を境に、大きく減少していく傾向があるが、山下調査では、その一つ前の段階である2歳6ヶ月頃を境に大きく減少していることからも、昼寝が不要となるのは、昔よりも遅くなってきていることがわかる。

【図表Ⅲ‒29‒2】昼寝をする割合の比較

時期	本調査	谷田貝ら調査 （2003年）	山下調査 （1935年）
1歳0ヶ月〜5ヶ月	100.0	100.0	100.0
1歳6ヶ月〜11ヶ月	100.0	100.0	100.0
2歳0ヶ月〜5ヶ月	91.4	92.6	82.9
2歳6ヶ月〜11ヶ月	95.8	97.7	34.1
3歳0ヶ月〜5ヶ月	61.9	87.0	35.1
3歳6ヶ月〜11ヶ月	48.0	76.8	12.0
4歳0ヶ月〜5ヶ月	30.1	61.5	7.1
4歳6ヶ月〜11ヶ月	25.0	58.9	2.4
5歳0ヶ月〜5ヶ月	17.8	43.4	1.7
5歳6ヶ月〜11ヶ月	12.6	48.5	0.0
6歳0ヶ月〜5ヶ月	6.4	26.6	0.0
6歳6ヶ月〜11ヶ月	1.9	8.8	0.0

30. いつも大体どのくらいの時間昼寝をしますか

　昼寝をする時間については、図表Ⅲ‒30 となる。この数値はアンケートの「29. いつも昼寝をしますか」の問いで、「はい」と回答したものの平均値である。6 歳 0 ヶ月以降の年齢段階は、昼寝をする者の割合が 10％未満であるためグラフからは削除している。1 歳 0 ヶ月〜 2 歳 11 ヶ月の間では、1 時間 30 分〜 1 時間 59 分が最も多い割合となり、次いで 2 時間〜 2 時間 29 分が多いが、それ以降の年齢では、1 時間〜 1 時間 29 分、30 分〜 59 分が増加している。

　昼寝時間の平均をまとめると、図表Ⅲ‒30‒2 となる。若干のばらつきはあるものの、全体的には右肩下がりとなっている。昼寝をする割合が低くなるのと同時に、昼寝をする時間も短くなっている。

　昼寝の平均時間を、過去のデータと比較してまとめたものが、図表Ⅲ‒30‒3 である。山下調査の年齢割合が 1 年ごとであったため、それに合わせての年齢段階で平均値を出している。また、山下調査では 6 歳以降のデー

タがなく、かつ本調査でもいつも昼寝をしているという回答者が少数であったため除いている。

【図表Ⅲ - 30】年齢による昼寝時間の分布

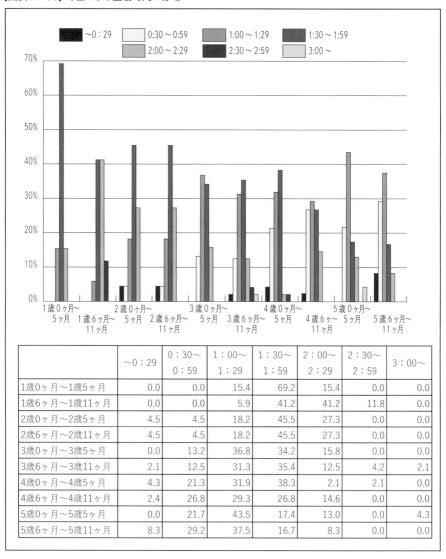

	～0：29	0：30～ 0：59	1：00～ 1：29	1：30～ 1：59	2：00～ 2：29	2：30～ 2：59	3：00～
1歳0ヶ月～1歳5ヶ月	0.0	0.0	15.4	69.2	15.4	0.0	0.0
1歳6ヶ月～1歳11ヶ月	0.0	0.0	5.9	41.2	41.2	11.8	0.0
2歳0ヶ月～2歳5ヶ月	4.5	4.5	18.2	45.5	27.3	0.0	0.0
2歳6ヶ月～2歳11ヶ月	4.5	4.5	18.2	45.5	27.3	0.0	0.0
3歳0ヶ月～3歳5ヶ月	0.0	13.2	36.8	34.2	15.8	0.0	0.0
3歳6ヶ月～3歳11ヶ月	2.1	12.5	31.3	35.4	12.5	4.2	2.1
4歳0ヶ月～4歳5ヶ月	4.3	21.3	31.9	38.3	2.1	2.1	0.0
4歳6ヶ月～4歳11ヶ月	2.4	26.8	29.3	26.8	14.6	0.0	0.0
5歳0ヶ月～5歳5ヶ月	0.0	21.7	43.5	17.4	13.0	0.0	4.3
5歳6ヶ月～5歳11ヶ月	8.3	29.2	37.5	16.7	8.3	0.0	0.0

本調査での結果は、谷田貝ら調査よりやや昼寝時間が短くなっているものの、大きな変化はみられない。しかし山下調査とは明確な差がある。山下調査では、加齢と共に昼寝時間が大きく減少していくが、本調査では微減するのみである。特に2歳以降は1時間以上の差があり、現代の小学校就学まで幼児の昼寝の習慣が消失しない様子が伺える。

【図表Ⅲ－30－2】年齢による昼寝時間

時期	平均昼寝時間
1歳0ヶ月～5ヶ月	1:30
1歳6ヶ月～11ヶ月	1:47
2歳0ヶ月～5ヶ月	1:26
2歳6ヶ月～11ヶ月	1:26
3歳0ヶ月～5ヶ月	1:16
3歳6ヶ月～11ヶ月	1:20
4歳0ヶ月～5ヶ月	1:07
4歳6ヶ月～11ヶ月	1:08
5歳0ヶ月～5ヶ月	1:12
5歳6ヶ月～11ヶ月	0:58

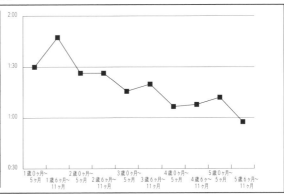

【図表Ⅲ－30－3】昼寝平均時間の比較

時期	本調査	谷田貝ら調査 (2003年)	山下調査 (1935年)
1歳0ヶ月～11ヶ月	1:39	2:00	1:16
2歳0ヶ月～11ヶ月	1:26	1:53	0:27
3歳0ヶ月～11ヶ月	1:18	1:44	0:12
4歳0ヶ月～11ヶ月	1:09	1:34	0:01
5歳0ヶ月～11ヶ月	1:05	1:25	0

31. いつも自分から「おやすみなさい」の挨拶をしますか
32. いつも自分から「おはようございます」の挨拶をしますか

【図表Ⅲ-31・32】就寝前後の挨拶

時期	おやすみ なさい	おはよう ございます
1歳0ヶ月〜5ヶ月	13.3	13.3
1歳6ヶ月〜11ヶ月	11.8	17.6
2歳0ヶ月〜5ヶ月	37.1	54.3
2歳6ヶ月〜11ヶ月	45.8	41.7
3歳0ヶ月〜5ヶ月	16.0	50.8
3歳6ヶ月〜11ヶ月	59.8	52.0
4歳0ヶ月〜5ヶ月	70.5	57.7
4歳6ヶ月〜11ヶ月	67.1	63.4
5歳0ヶ月〜5ヶ月	76.7	66.7
5歳6ヶ月〜11ヶ月	78.4	69.5
6歳0ヶ月〜5ヶ月	77.7	64.9
6歳6ヶ月〜11ヶ月	79.0	61.9

　就寝前後の挨拶「おやすみなさい」「おはようございます」をしている割合は、図表Ⅲ-31・32の通りである。どちらも、1歳6ヶ月頃から大幅に上昇し、5歳になる頃まで右肩上がりである。それを過ぎると、横ばいになる。就寝前の挨拶は5歳で70％を超え習慣化し標準年齢と言えるが、起床時の挨拶はいずれの年齢段階でも70％を超えることはなかったため、幼児期に習慣化しているとは言えない。2歳0ヶ月頃は起床時の挨拶の方が高いが、3歳6ヶ月過ぎからは就寝時の挨拶の方が高く、その後逆転することはない。

　谷田貝らの調査と比べたものが、図表Ⅲ-31・32-2である。谷田貝ら調査での質問項目は「『おやすみなさい』『おはようございます』の挨拶ができますか」であり、本調査では、「いつも自分から」おやすみやおはようの挨拶できるかを問うているため、参考程度であるが、本調査が大きく下回っている結果となった。本調査も、谷田貝ら調査と同様に「できますか」と質問すれば、できる回答は増加するかもしれない。しかし、「いつも自分か

ら」できなければ、習慣として身についたとは言えない。これを機に改めて、習慣としてできるようにしてやるべきなのではないか。

　また、以前より挨拶をしなくなってしまったのは、親の生活の変化によるものも考えられる。両親共働きの家庭が増え、子どもが朝起きて幼稚園・保育所へ行くまでの間に、母親自身も出かける準備をしなくてはならない。そのような時間がない忙しい朝は、つい挨拶もないがしろにしてしまっているのではないだろうか。

【図表Ⅲ－31・32－2】就寝前後の挨拶（谷田貝ら調査との比較）

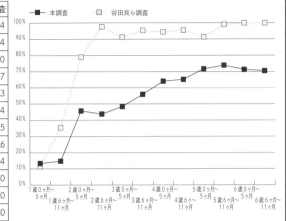

時期	本調査	谷田貝ら調査
1歳0ヶ月〜5ヶ月	13.3	11.4
1歳6ヶ月〜11ヶ月	14.7	35.4
2歳0ヶ月〜5ヶ月	45.7	79.0
2歳6ヶ月〜11ヶ月	43.8	97.7
3歳0ヶ月〜5ヶ月	48.4	91.3
3歳6ヶ月〜11ヶ月	55.9	95.4
4歳0ヶ月〜5ヶ月	64.1	94.5
4歳6ヶ月〜11ヶ月	65.2	95.6
5歳0ヶ月〜5ヶ月	71.7	91.4
5歳6ヶ月〜11ヶ月	73.9	99.0
6歳0ヶ月〜5ヶ月	71.3	100.0
6歳6ヶ月〜11ヶ月	70.5	100.0

33. 夜寝るときは、いつも子どもだけの部屋で寝ますか

【図表Ⅲ-33】いつも子どもだけの部屋で寝る割合

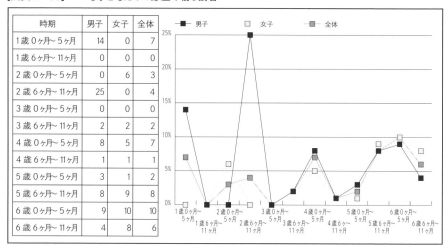

時期	男子	女子	全体
1歳0ヶ月～5ヶ月	14	0	7
1歳6ヶ月～11ヶ月	0	0	0
2歳0ヶ月～5ヶ月	0	6	3
2歳6ヶ月～11ヶ月	25	0	4
3歳0ヶ月～5ヶ月	0	0	0
3歳6ヶ月～11ヶ月	2	2	2
4歳0ヶ月～5ヶ月	8	5	7
4歳6ヶ月～11ヶ月	1	1	1
5歳0ヶ月～5ヶ月	3	1	2
5歳6ヶ月～11ヶ月	8	9	8
6歳0ヶ月～5ヶ月	9	10	10
6歳6ヶ月～11ヶ月	4	8	6

　上記の図表は、就寝時に子どもだけの部屋で寝る子どもの割合である。いずれの年齢でも30％を超えることはなかった。今回調査した幼児期は、まだ子どもだけの部屋を持っているものが少なく、その習慣はないようである。理由としては住宅事情による要因と、子育てに対する意識に関連する要因の両面が考えられるが、幼児期は親子一緒の部屋で眠ることが多いようである。

34. 夜寝るときは、いつも部屋の電気を消していますか

　就寝時、消灯するかどうかは図表Ⅲ-34の通りである。1歳0ヶ月～1歳5ヶ月の段階で80％を超えており、就寝時は消灯することが習慣化している。

　保護者である大人も「眠るときは暗くする」という意識があるために全体的に高い割合となったのであろう。それによって、子どもも「暗くなったら眠る」という意識が持てるようになる。また、暗いはずである夜に明るい光を浴びていると、体内時計が昼と勘違いしてしまうため、体内時計が乱れ寝

つきが悪くなることも考えられる。さらに、暗くすることで睡眠を促すホルモンでもあるメラトニンが分泌されることもあり、就寝時に部屋を暗くすることは重要なのである。暗いのを怖がり、電気を消すのを嫌がる子も中にはいるようだが、夜眠るときは暗くするという基本を大切にしてほしい。

【図表Ⅲ-34】いつも消灯して寝る割合

時期	男子	女子	全体
1歳0ヶ月～5ヶ月	86	88	87
1歳6ヶ月～11ヶ月	88	78	82
2歳0ヶ月～5ヶ月	83	94	89
2歳6ヶ月～11ヶ月	100	90	91
3歳0ヶ月～5ヶ月	82	79	81
3歳6ヶ月～11ヶ月	78	84	81
4歳0ヶ月～5ヶ月	87	87	85
4歳6ヶ月～11ヶ月	83	87	85
5歳0ヶ月～5ヶ月	86	86	86
5歳6ヶ月～11ヶ月	80	87	84
6歳0ヶ月～5ヶ月	89	88	88
6歳6ヶ月～11ヶ月	88	84	87

3．睡眠の習慣の問題点

（1）合計睡眠時間

　夜間就寝時間と昼寝の時間を合わせた時間（以下、合計睡眠時間という）について図表Ⅲ-ⅰにまとめた。年齢によって差が見られなかった夜間の睡眠時間は、低年齢の方が10時間30分以上が多く、次第に9時間30分～10時間59分頃が増えてくる。

　合計睡眠時間の平均をグラフにし、夜間睡眠時間と比較してみたものが図表Ⅲ-ⅱとなる。夜間睡眠時間はほぼ右肩下がりで、次第に睡眠時間が短くなっていくことが読み取れる。高年齢になるにつれて、昼寝をする時間が短くなっていくので、合計睡眠時間と夜間睡眠時間の差も縮まっていく。

体が未成熟な低年齢児は、昼寝時間を含めると、当然のことながら睡眠時間を多くとっている。3歳〜3歳5ヶ月の年齢段階までは1時間以上の昼寝をしているが、加齢と共に短くなり、5歳後半にはほとんど必要としなくなっていることがわかる。ただし山下調査では3歳半頃に昼寝が消失していたことを考えると、昼寝を必要している子どもが上の年齢に及んでいることがわかる。また昼寝が長すぎることによって、夜眠れなくなり、それによっ

【図表Ⅲ－i】合計睡眠時間

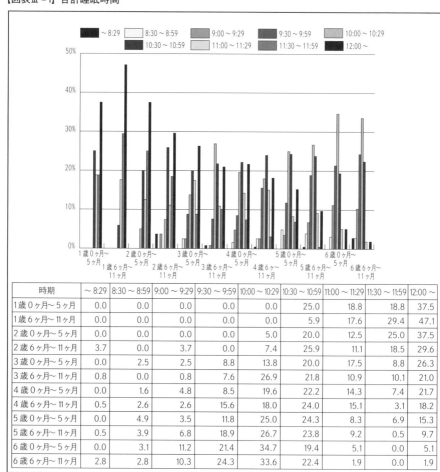

時期	～8:29	8:30～8:59	9:00～9:29	9:30～9:59	10:00～10:29	10:30～10:59	11:00～11:29	11:30～11:59	12:00～
1歳0ヶ月～5ヶ月	0.0	0.0	0.0	0.0	0.0	25.0	18.8	18.8	37.5
1歳6ヶ月～11ヶ月	0.0	0.0	0.0	0.0	0.0	5.9	17.6	29.4	47.1
2歳0ヶ月～5ヶ月	0.0	0.0	0.0	0.0	5.0	20.0	12.5	25.0	37.5
2歳6ヶ月～11ヶ月	3.7	0.0	3.7	0.0	7.4	25.9	11.1	18.5	29.6
3歳0ヶ月～5ヶ月	0.0	2.5	2.5	8.8	13.8	20.0	17.5	8.8	26.3
3歳6ヶ月～11ヶ月	0.8	0.0	0.8	7.6	26.9	21.8	10.9	10.1	21.0
4歳0ヶ月～5ヶ月	0.0	1.6	4.8	8.5	19.6	22.2	14.3	7.4	21.7
4歳6ヶ月～11ヶ月	0.5	2.6	2.6	15.6	18.0	24.0	15.1	3.1	18.2
5歳0ヶ月～5ヶ月	0.0	4.9	3.5	11.8	25.0	24.3	8.3	6.9	15.3
5歳6ヶ月～11ヶ月	0.5	3.9	6.8	18.9	26.7	23.8	9.2	0.5	9.7
6歳0ヶ月～5ヶ月	0.0	3.1	11.2	21.4	34.7	19.4	5.1	0.0	5.1
6歳6ヶ月～11ヶ月	2.8	2.8	10.3	24.3	33.6	22.4	1.9	0.0	1.9

て朝の寝起きが悪くなることもあり、昼寝が夜間睡眠の妨げになっている可能性は否定できない。発達に沿った昼寝の在り方を見直してみることも大事である。

【図表Ⅲ‒ⅱ】合計睡眠時間・夜間睡眠時間（平均）

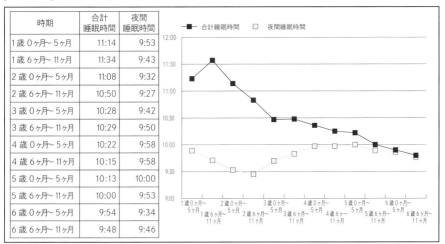

時期	合計睡眠時間	夜間睡眠時間
1歳0ヶ月〜5ヶ月	11:14	9:53
1歳6ヶ月〜11ヶ月	11:34	9:43
2歳0ヶ月〜5ヶ月	11:08	9:32
2歳6ヶ月〜11ヶ月	10:50	9:27
3歳0ヶ月〜5ヶ月	10:28	9:42
3歳6ヶ月〜11ヶ月	10:29	9:50
4歳0ヶ月〜5ヶ月	10:22	9:58
4歳6ヶ月〜11ヶ月	10:15	9:58
5歳0ヶ月〜5ヶ月	10:13	10:00
5歳6ヶ月〜11ヶ月	10:00	9:53
6歳0ヶ月〜5ヶ月	9:54	9:34
6歳6ヶ月〜11ヶ月	9:48	9:46

（2）睡眠時間の比較

　夜間睡眠時間及び合計睡眠時間の、過去の調査のデータと比較したものが、図表Ⅲ‒ⅲと図表Ⅲ‒ⅳになる。夜間睡眠時間は、谷田貝ら調査[注2]と比べると、大きな差はないものの、1〜2歳の段階では本調査の方が短くなっており、3歳以降は若干長くなっていた。しかし、約80年以上前の山下調査[注3]のデータに比べると、全年齢段階で大きな差が見られた。およそ1時間ほど、平均値に開きがあり、大きな差がある。また、合計睡眠時間は、山下調査時よりも短くなっていた谷田貝ら調査時よりも、さらに短くなり差が大きくなっている。山下[注3]はこの数値であっても「幼児の睡眠時間は少ない」と問題視しており、さらに、当時の小児科臨床医の言葉を借り「近来さらに減少の傾向にある」と危惧している。大幅に睡眠時間が減少していることは、無視することはできない問題である。ただしどれだけ睡眠時間をとればいい

のか、どの程度だと危険なのかについては個人差があり一概にはいえない。平均値や過去と比較したり、専門家が示した数値より短い睡眠時間であっても、その子どもが健やかに成長できるのであれば、それはその子にとって十分な睡眠時間であると言えよう。しかしそれは、本当に十分かどうかは、本人も周りの大人も、真実はわからないものである。そのため、明らかに昔よりも睡眠時間が短くなっている現状には問題意識を持つ必要があるだろう。

【図表Ⅲ – ⅲ】夜間睡眠時間の比較

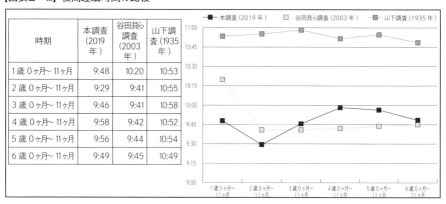

時期	本調査 （2019 年）	谷田貝ら 調査 （2003 年）	山下調 査（1935 年）
1 歳 0ヶ月～ 11ヶ月	9:48	10:20	10:53
2 歳 0ヶ月～ 11ヶ月	9:29	9:41	10:55
3 歳 0ヶ月～ 11ヶ月	9:46	9:41	10:58
4 歳 0ヶ月～ 11ヶ月	9:58	9:42	10:52
5 歳 0ヶ月～ 11ヶ月	9:56	9:44	10:54
6 歳 0ヶ月～ 11ヶ月	9:49	9:45	10:49

【図表Ⅲ – ⅳ】合計睡眠時間の比較

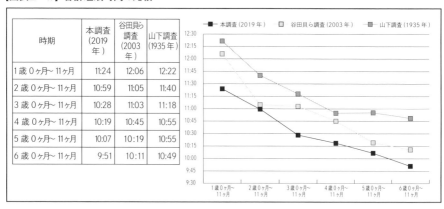

時期	本調査 （2019 年）	谷田貝ら 調査 （2003 年）	山下調査 （1935 年）
1 歳 0ヶ月～ 11ヶ月	11:24	12:06	12:22
2 歳 0ヶ月～ 11ヶ月	10:59	11:05	11:40
3 歳 0ヶ月～ 11ヶ月	10:28	11:03	11:18
4 歳 0ヶ月～ 11ヶ月	10:19	10:45	10:55
5 歳 0ヶ月～ 11ヶ月	10:07	10:19	10:55
6 歳 0ヶ月～ 11ヶ月	9:51	10:11	10:49

　谷田貝ら調査との比較でも、夜間睡眠時間ははっきりとした差は見られないが、合計睡眠時間ではどの年齢段階でも、本調査の方が短い結果となっ

ている。これは昼寝時間の減少が影響していると考えられる。合計睡眠時間に差がなく、昼寝時間だけが短くなっているのであれば、夜間睡眠時間が十分に取れているため、昼寝での補完が少なくても十分と言える。しかし、今回の結果は、単に昼寝時間が短くなり、合計睡眠時間が短くなっただけである。谷田貝ら調査から15年が経過したとはいえ、その間に子どもの発達において睡眠時間が短くなっても問題ないとの根拠はどの研究データを見ても見当たらないので、この変化は心配である。

　登園時刻があるため、起床時刻はおよそ決まっている。遅くすることはできない。昼寝時間を増やして補うのではなく、夜間睡眠時間を増やしてほしい。つまり、就寝時間を早くすることである。

　夜間に十分睡眠をとることで、必要な成長ホルモンが分泌されるのである。子どもの健やかな発達のために、改めて考え直し、健全な睡眠の習慣を身につけてやってほしい。

4．概括

・添い寝が不要になる習慣は6歳11ヶ月までに自立しない。

・パジャマに着替えて寝ることはどの年齢段階でも習慣化しており、標準年齢は1歳といえる。

・自分でパジャマに着替えられる標準年齢は4歳である。

・就寝時間はどの年齢段階も20時半〜21時頃に就寝する割合が高い。

・起床時間はどの年齢段階も6時半〜7時頃に起床する割合が高い。

・昼寝が不要となる標準年齢は4歳6ヶ月である。

・昼寝の平均時間は1時間〜2時間で、加齢と共にだんだん短くなる。

・「おやすみなさい」の挨拶をする標準年齢は5歳0ヶ月である。

・「おはようございます」の挨拶は6歳11ヶ月までに自立しない。

・無灯で眠ることはどの年齢段階でも習慣化しているため、標準年齢は1歳である。

【引用・参考文献】

(注1) 三池輝久・上野有理・小西行郎『赤ちゃん学で理解する乳児の発達と保育第1巻　睡眠・食事・生活の基本』中央法規出版、2016年

(注2) 谷田貝公昭・高橋弥生『第3版　データでみる　幼児の基本的生活習慣』一藝社、2016年

(注3) 山下俊郎『保育学講座⑤幼児の生活指導』フレーベル館、1972年・神山潤『子どもの睡眠　眠りは脳と心の栄養』芽ばえ社、2003年

睡眠の習慣の自立の標準年齢

年齢	習　　慣	
1歳0ヶ月	パジャマに着替えて寝る	無灯で寝る
1歳6ヶ月		
2歳0ヶ月		
2歳6ヶ月		
3歳0ヶ月		
3歳6ヶ月		
4歳0ヶ月	自分でパジャマに着替える	
4歳6ヶ月	昼寝が不要となる	
5歳0ヶ月	「おやみなさい」の挨拶をする	
5歳6ヶ月		
6歳0ヶ月		
6歳6ヶ月		
6歳11か月までに自立しない項目	添い寝が不要になる	「おはようございます」の挨拶をする

Ⅳ 排泄の習慣

1．排泄とは

　排泄は、子どもたちが生活していく上で身につけておきたい習慣である。生まれたときは、おむつを履き大人に世話をしてもらうが、大きくなるにつれて小便や大便をしたときに感じる不快感や、綺麗にしてもらったときの気持ちのよさや嬉しさを知っていく。そうして、子どもは清潔に保つことが自分自身にとって気持ちのいいことだと理解していくのである。その後、成長する過程で大人に綺麗にしてもらうのではなく、自分でトイレに行くことを覚え、体の機能も育つことで排泄の自立が完了していく。

2．調査結果

35．日中おむつを使っていますか

【図表Ⅳ-35】日中おむつを使用している割合

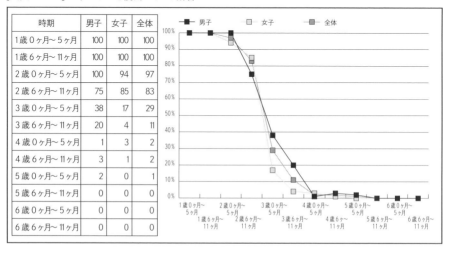

時期	男子	女子	全体
1歳0ヶ月〜5ヶ月	100	100	100
1歳6ヶ月〜11ヶ月	100	100	100
2歳0ヶ月〜5ヶ月	100	94	97
2歳6ヶ月〜11ヶ月	75	85	83
3歳0ヶ月〜5ヶ月	38	17	29
3歳6ヶ月〜11ヶ月	20	4	11
4歳0ヶ月〜5ヶ月	1	3	2
4歳6ヶ月〜11ヶ月	3	1	2
5歳0ヶ月〜5ヶ月	2	0	1
5歳6ヶ月〜11ヶ月	0	0	0
6歳0ヶ月〜5ヶ月	0	0	0
6歳6ヶ月〜11ヶ月	0	0	0

日中は男女ともに2歳未満は100%使用しているとの回答である。3歳未満までは70〜80%の割合で男女ともに使用しているが、3歳0ヶ月〜3歳5ヶ月になるとその割合は一気に減って男児は38%、女児に至っては17%となっている。女児の方がおむつを履くことなく過ごすことができるようになるのが早いという結果が出た。調査結果より、日中のおむつを使用しなくなる標準年齢は3歳6ヶ月であると考える。

36. 夜間おむつを使っていますか

【図表Ⅳ‑36】夜間おむつを使用している割合

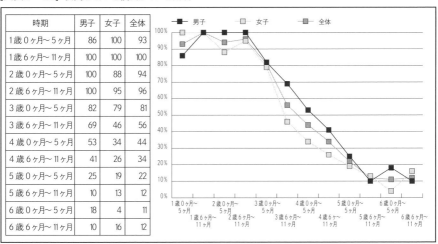

時期	男子	女子	全体
1歳0ヶ月〜5ヶ月	86	100	93
1歳6ヶ月〜11ヶ月	100	100	100
2歳0ヶ月〜5ヶ月	100	88	94
2歳6ヶ月〜11ヶ月	100	95	96
3歳0ヶ月〜5ヶ月	82	79	81
3歳6ヶ月〜11ヶ月	69	46	56
4歳0ヶ月〜5ヶ月	53	34	44
4歳6ヶ月〜11ヶ月	41	26	34
5歳0ヶ月〜5ヶ月	25	19	22
5歳6ヶ月〜11ヶ月	10	13	12
6歳0ヶ月〜5ヶ月	18	4	11
6歳6ヶ月〜11ヶ月	10	16	12

　2歳未満は男女ともにほぼ100%となっている。日中の使用状況とかなり違うのは、6歳になっても使用しているという割合が12%いるという結果になっていることである。詳しく見ていくと、女児は3歳後半で50%を切っているものの緩やかに減っていく傾向であり、男児は4歳後半から50%を切り、5歳で一気に25%になっている。女児の方が早い段階よりおむつを履かなくなっているものの、6歳後半での結果は男児の方が使用していない結果になった。調査の結果より、夜間のおむつを使用しなくなる標準年齢は5歳といえる。

37.（おむつをしている場合）いつも小便が出た後に教えますか

【図表IV‐37】小便の事後通告の割合（おむつ使用児）

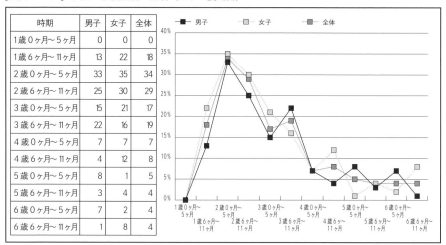

時期	男子	女子	全体
1歳0ヶ月〜5ヶ月	0	0	0
1歳6ヶ月〜11ヶ月	13	22	18
2歳0ヶ月〜5ヶ月	33	35	34
2歳6ヶ月〜11ヶ月	25	30	29
3歳0ヶ月〜5ヶ月	15	21	17
3歳6ヶ月〜11ヶ月	22	16	19
4歳0ヶ月〜5ヶ月	7	7	7
4歳6ヶ月〜11ヶ月	4	12	8
5歳0ヶ月〜5ヶ月	8	1	5
5歳6ヶ月〜11ヶ月	3	4	4
6歳0ヶ月〜5ヶ月	7	2	4
6歳6ヶ月〜11ヶ月	1	8	4

　小便が出た後に教えるか図表IV-37を見ていくと、1歳では教えないという結果になっているが、1歳後半より男女全体で18%が伝えられるようになっている。また、2歳0ヶ月〜2歳5ヶ月が男女それぞれ最高値で約30%越えという結果が出ている。それ以降は、伝えることが減ってきているが、おむつをしている子どもが減少してくることに関係しているといえる。結果からは、おむつをしている場合、2歳0ヶ月頃から排尿後に知らせるようになる、ということがわかる。

38.（おむつをしている場合）いつも小便が出る前に教えますか

　小便が出る前に教えるかという図表IV‐38を確認すると男女との違いがあり、女児は1歳から教えるという結果が出たが、男児は2歳になってから教えるとの結果になった。ただ、ともに3歳の時期が最高値の約30%となっており、そこからは事前通告の割合は減っている。これはおむつが外れ、一人でトイレで排尿ができるようになることと関連していると思われる。小

便の事前通告には大きな男女差は見られない。

【図表Ⅳ-38】小便の事前通告の割合（おむつ使用児）

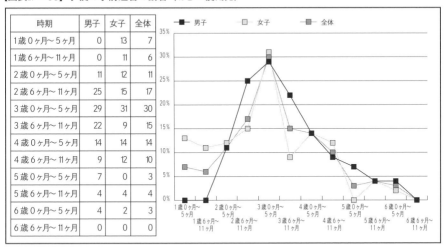

時期	男子	女子	全体
1歳0ヶ月～5ヶ月	0	13	7
1歳6ヶ月～11ヶ月	0	11	6
2歳0ヶ月～5ヶ月	11	12	11
2歳6ヶ月～11ヶ月	25	15	17
3歳0ヶ月～5ヶ月	29	31	30
3歳6ヶ月～11ヶ月	22	9	15
4歳0ヶ月～5ヶ月	14	14	14
4歳6ヶ月～11ヶ月	9	12	10
5歳0ヶ月～5ヶ月	7	0	3
5歳6ヶ月～11ヶ月	4	4	4
6歳0ヶ月～5ヶ月	4	2	3
6歳6ヶ月～11ヶ月	0	0	0

39.（おむつをしている場合）いつも大便が出た後に教えますか

【図表Ⅳ-39】大便の事後通告の割合（おむつ使用児）

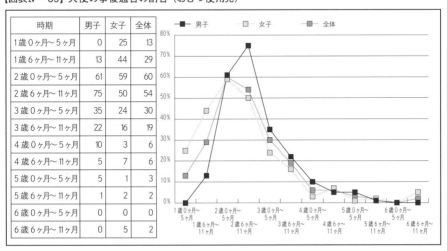

時期	男子	女子	全体
1歳0ヶ月～5ヶ月	0	25	13
1歳6ヶ月～11ヶ月	13	44	29
2歳0ヶ月～5ヶ月	61	59	60
2歳6ヶ月～11ヶ月	75	50	54
3歳0ヶ月～5ヶ月	35	24	30
3歳6ヶ月～11ヶ月	22	16	19
4歳0ヶ月～5ヶ月	10	3	6
4歳6ヶ月～11ヶ月	5	7	6
5歳0ヶ月～5ヶ月	5	1	3
5歳6ヶ月～11ヶ月	1	2	2
6歳0ヶ月～5ヶ月	0	0	0
6歳6ヶ月～11ヶ月	0	5	2

　大便が出た後に教えるかという項目については、小便のときとは違い、1歳から25％の女児が教えるという結果になり、1歳後半には44％、2歳に

なると半数を超える結果になっている。男児は、1歳後半から16%が教える結果に始まり、2歳で61%と女児よりも高い数値が出ており4歳までその傾向が続いている。傾向として、女児の方がやや早く排便の事後通告をする子どもが出現するが、男女ともに2歳代がそのピークになっており、結果的には男女差は見られない。

40.（おむつをしている場合）いつも大便が出る前に教えますか

【図表Ⅳ-40】大便の事前通告の割合（おむつ使用児）

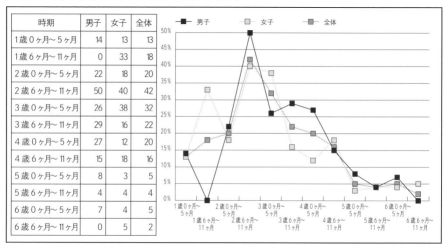

時期	男子	女子	全体
1歳0ヶ月～5ヶ月	14	13	13
1歳6ヶ月～11ヶ月	0	33	18
2歳0ヶ月～5ヶ月	22	18	20
2歳6ヶ月～11ヶ月	50	40	42
3歳0ヶ月～5ヶ月	26	38	32
3歳6ヶ月～11ヶ月	29	16	22
4歳0ヶ月～5ヶ月	27	12	20
4歳6ヶ月～11ヶ月	15	18	16
5歳0ヶ月～5ヶ月	8	3	5
5歳6ヶ月～11ヶ月	4	4	4
6歳0ヶ月～5ヶ月	7	4	5
6歳6ヶ月～11ヶ月	0	5	2

　大便が出る前に教えるかの項目では、設問37～39の3項目よりも数値が10%以下となる年齢が遅い。4歳後半でも男女全体で16%と高い数値から、小便よりも伝える場面があるということである。排泄の自立が完了する最終段階でもある大便が出る前に伝えるという行為ということも関係していると考えられる。また、一番高い数値は2歳後半であり、全体で42%となっている。

　おむつ使用時の項目を4つ見てきたが、全体に言えることは、2歳という時期にトイレトレーニングを行うことも多く、子どもたちが大人に排泄の行為を伝える機会が多いために高い数値が出たということが理解できる。それ

を踏まえて考えると排泄の自立は、大便の項目を参考に大体4歳後半ごろになるのではないかと推察できる。ただ、今回の調査では夜間のおむつ使用が6歳まで10%以上あるという結果のため、昔よりも排泄の自立が遅くなっているといえる。

41. 何かに夢中になっていると小便をもらすことがありますか

【図表Ⅳ－41】夢中粗相の割合

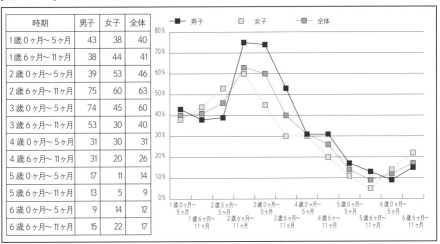

時期	男子	女子	全体
1歳0ヶ月～5ヶ月	43	38	40
1歳6ヶ月～11ヶ月	38	44	41
2歳0ヶ月～5ヶ月	39	53	46
2歳6ヶ月～11ヶ月	75	60	63
3歳0ヶ月～5ヶ月	74	45	60
3歳6ヶ月～11ヶ月	53	30	40
4歳0ヶ月～5ヶ月	31	30	31
4歳6ヶ月～11ヶ月	31	20	26
5歳0ヶ月～5ヶ月	17	11	14
5歳6ヶ月～11ヶ月	13	5	9
6歳0ヶ月～5ヶ月	9	14	12
6歳6ヶ月～11ヶ月	15	22	17

何かに夢中になっていると小便をもらすことがあるかというものだが、男女ともに1歳から4歳前半まで30％を超える数値である。一番高い数値は男女それぞれ2歳後半であり、女児が60％、男児は75％という結果になっている。2歳頃であれば、排泄の自立が完了するかしないかの時期になってくるため、小便をもらしてしまうこともあるだろうと考えられる。以上の結果から、夢中粗相の消失の標準年齢は、4歳6ヶ月と考えられる。

42. 小便の時、誰かがついていけば自分で用が足せますか

【図表Ⅳ‐42】小便時付き添いがあれば自分で用が足せる割合

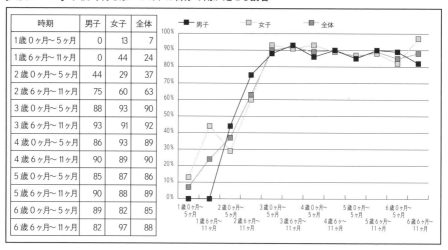

時期	男子	女子	全体
1歳0ヶ月〜5ヶ月	0	13	7
1歳6ヶ月〜11ヶ月	0	44	24
2歳0ヶ月〜5ヶ月	44	29	37
2歳6ヶ月〜11ヶ月	75	60	63
3歳0ヶ月〜5ヶ月	88	93	90
3歳6ヶ月〜11ヶ月	93	91	92
4歳0ヶ月〜5ヶ月	86	93	89
4歳6ヶ月〜11ヶ月	90	89	90
5歳0ヶ月〜5ヶ月	85	87	86
5歳6ヶ月〜11ヶ月	90	88	89
6歳0ヶ月〜5ヶ月	89	82	85
6歳6ヶ月〜11ヶ月	82	97	88

　小便の時に誰かがついていけば用を足せるかという項目だが、女児は1歳から用が足せると回答があるが、男児は2歳から用を足せるという結果になった。その後も数値は高くなり、3歳からは男女ともに80〜90％を超えていることがわかる。付き添いがあれば自分で小便ができる標準年齢は3歳といえる。誰かが一緒にトイレに行くことで、子どもたちが安心して行くことができているとも言えるのではないだろうか。

43. 小便の時、自分でトイレに行けますか

　次に、小便の時に自分で用を足すことができるかという項目では、やはり女児の方ができるのが早く1歳後半からであり、男児は2歳からという結果である。3歳6ヶ月〜3歳11ヶ月に87％となり自立するので、標準年齢は3歳6ヶ月である。4歳後半からほぼ男女差はなく全体で97％が自分で用を足せるという回答になっている。女児にいたっては、5歳後半から100％になっている。

【図表Ⅳ–43】小便時自分でトイレに行ける割合

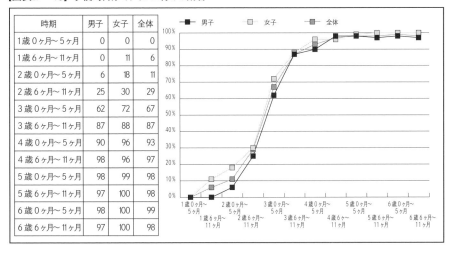

時期	男子	女子	全体
1歳0ヶ月～5ヶ月	0	0	0
1歳6ヶ月～11ヶ月	0	11	6
2歳0ヶ月～5ヶ月	6	18	11
2歳6ヶ月～11ヶ月	25	30	29
3歳0ヶ月～5ヶ月	62	72	67
3歳6ヶ月～11ヶ月	87	88	87
4歳0ヶ月～5ヶ月	90	96	93
4歳6ヶ月～11ヶ月	98	96	97
5歳0ヶ月～5ヶ月	98	99	98
5歳6ヶ月～11ヶ月	97	100	98
6歳0ヶ月～5ヶ月	98	100	99
6歳6ヶ月～11ヶ月	97	100	98

44. 大便の時、誰かがついていけば自分で用が足せますか

【図表Ⅳ–44】大便時付き添いがあれば自分で用が足せる割合

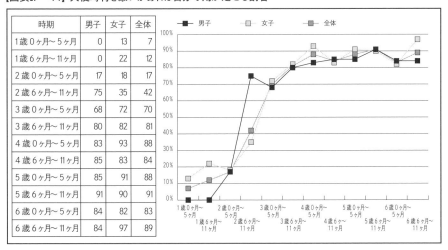

時期	男子	女子	全体
1歳0ヶ月～5ヶ月	0	13	7
1歳6ヶ月～11ヶ月	0	22	12
2歳0ヶ月～5ヶ月	17	18	17
2歳6ヶ月～11ヶ月	75	35	42
3歳0ヶ月～5ヶ月	68	72	70
3歳6ヶ月～11ヶ月	80	82	81
4歳0ヶ月～5ヶ月	83	93	88
4歳6ヶ月～11ヶ月	85	83	84
5歳0ヶ月～5ヶ月	85	91	88
5歳6ヶ月～11ヶ月	91	90	91
6歳0ヶ月～5ヶ月	84	82	83
6歳6ヶ月～11ヶ月	84	97	89

　大便の時、誰かがついていけば用を足せるかを見てみると小便の時と同じようなグラフであり、数値も年齢が下の時は少し低めな結果であるもののほ

ぼ同じ結果になっている。ただ、女児は6歳後半では90％を超えているが、男児は84％である。男女共に3歳6ヶ月～3歳11ヶ月には80％を超えるため、標準年齢は3歳6ヶ月といえる。

45. 大便の時、自分でトイレに行けますか

【図表Ⅳ - 45】大便時自分でトイレに行ける割合

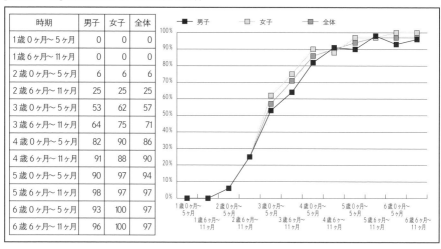

時期	男子	女子	全体
1歳0ヶ月～5ヶ月	0	0	0
1歳6ヶ月～11ヶ月	0	0	0
2歳0ヶ月～5ヶ月	6	6	6
2歳6ヶ月～11ヶ月	25	25	25
3歳0ヶ月～5ヶ月	53	62	57
3歳6ヶ月～11ヶ月	64	75	71
4歳0ヶ月～5ヶ月	82	90	86
4歳6ヶ月～11ヶ月	91	88	90
5歳0ヶ月～5ヶ月	90	97	94
5歳6ヶ月～11ヶ月	98	97	97
6歳0ヶ月～5ヶ月	93	100	97
6歳6ヶ月～11ヶ月	96	100	97

　大便の時、自分で用を足すことができるかという項目である。この項目は、他の3つの項目とは違い男女ともに2歳以降にやっと自分で用を足せるという子どもが出現しており、しかも6％という低い数値である。子どもたちにとっては、小便よりも大便を一人ですることが難しいということがわかる。また、性別での差もあまりなく、6歳後半では、男児が96％、女児が100％でほぼ自分一人で行えるようになっている。男女共に70％を超えるのは4歳0ヶ月～4歳5ヶ月に86％で自立するので、4歳が標準年齢である。

　自分で大小便をできるようになるまでの4つの項目を比較していくと、誰かに付き添ってもらいトイレに行くことで排泄することを学び、自分で用を足せる練習に繋がっていると考えられる。標準年齢は3歳から4歳の間である。4歳というとちょうど幼稚園・保育所等では3歳児クラスにあた

り、排泄面でも保育指導を行う時期でもある。数値が高くなるのも、幼稚園・保育所等から情報が保護者側に伝わり、子どもたちに教えていこうとする場面が多くなるためではないかと思われる。

46. いつもトイレへ行った時、自分で紙を使って拭けますか

【図表Ⅳ − 46】いつも自分で紙を使って拭ける割合

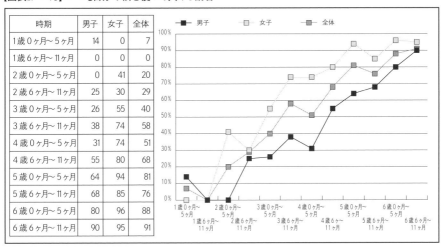

時期	男子	女子	全体
1歳0ヶ月〜5ヶ月	14	0	7
1歳6ヶ月〜11ヶ月	0	0	0
2歳0ヶ月〜5ヶ月	0	41	20
2歳6ヶ月〜11ヶ月	25	30	29
3歳0ヶ月〜5ヶ月	26	55	40
3歳6ヶ月〜11ヶ月	38	74	58
4歳0ヶ月〜5ヶ月	31	74	51
4歳6ヶ月〜11ヶ月	55	80	68
5歳0ヶ月〜5ヶ月	64	94	81
5歳6ヶ月〜11ヶ月	68	85	76
6歳0ヶ月〜5ヶ月	80	96	88
6歳6ヶ月〜11ヶ月	90	95	91

　トイレへ行った時、いつも自分で紙を使って拭けるかという質問では、男女差がはっきりと表れている。女児は、2歳から自分で拭くという結果になり、数値も41％となっている。トイレトレーニング開始時期から女児は用を足した後に紙を使って拭くことを教えていると思われ、数値が高いのであろう。男児は緩やかに数値が伸びて6歳後半で90％という結果になっているが、女児は初めから数値が高く、3歳後半で50％を超えて4歳後半では80％を超え自立している。男児が70％を超えて自立するのは6歳以降となるため、1年6ヶ月の差が見られるのである。全体で70％を超えて自立するのは、5歳0ヶ月〜5歳5ヶ月の81％であるので、標準年齢は5歳であるといえる。

47. 大便は毎日出ますか

【図表Ⅳ–47】大便が毎日出る割合

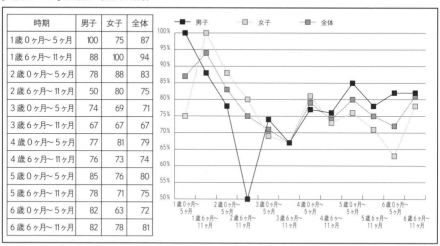

時期	男子	女子	全体
1歳0ヶ月〜5ヶ月	100	75	87
1歳6ヶ月〜11ヶ月	88	100	94
2歳0ヶ月〜5ヶ月	78	88	83
2歳6ヶ月〜11ヶ月	50	80	75
3歳0ヶ月〜5ヶ月	74	69	71
3歳6ヶ月〜11ヶ月	67	67	67
4歳0ヶ月〜5ヶ月	77	81	79
4歳6ヶ月〜11ヶ月	76	73	74
5歳0ヶ月〜5ヶ月	85	76	80
5歳6ヶ月〜11ヶ月	78	71	75
6歳0ヶ月〜5ヶ月	82	63	72
6歳6ヶ月〜11ヶ月	82	78	81

　次は、大便は毎日出るかという項目である。図表Ⅳ–47に示したのは「ほぼ毎日出ている」子どもの割合である。離乳食が終了する頃までは排便の習慣が安定しないが、1歳6ヶ月以降はほぼ一日に1回の排便と望ましい状況である。結果からは、どの年齢段階もほぼ70％以上の子どもが「ほぼ毎日排便をしている」ことがわかる。しかし、裏を返せば、2〜3割の子どもは毎日排便をしているわけではないといえる。この数字は決して少ない数字ではないだろう。毎日3回食事をすることを大切に考えることと同じように、毎日排便をすることを意識することは、子どもの健康にとって重要なことであるだろう。

48. 大便をする時間は大体決まっていますか

【図表IV－48】排便時間が定まっていない割合

時期	男女合計
1歳0ヶ月～5ヶ月	50
1歳6ヶ月～11ヶ月	62
2歳0ヶ月～5ヶ月	52
2歳6ヶ月～11ヶ月	80
3歳0ヶ月～5ヶ月	69
3歳6ヶ月～11ヶ月	75
4歳0ヶ月～5ヶ月	64
4歳6ヶ月～11ヶ月	73
5歳0ヶ月～5ヶ月	65
5歳6ヶ月～11ヶ月	74
6歳0ヶ月～5ヶ月	61
6歳6ヶ月～11ヶ月	54

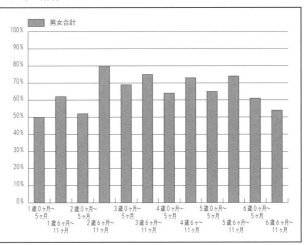

　質問は大便をする時間が大体決まっているかというもので、図表IV－48は排便の時間が定まっていない割合を示している。これを見ると、すべての年齢段階で5割以上の子ども達の排便時間が定まっていないことがわかる。前項で、7割以上の子どもが毎日排便していることが明らかになっているが、毎日出てもその時間は定まっていない子どもが半分以上であることを示している。特に、小学校入学前の年齢段階である6歳代の子どもについてみると、6割前後の子どもの排便時間が定まっていない。小学校では休み時間が短く、学校でゆっくり排便する時間は取りにくいことは想像に難くない。学校生活上も、子どもの気持ちを考えても、小学校での排便はあまり望ましいことではないだろう。また、学校での排便を我慢することで、体調不良を引き起こす可能性も十分考えられる。ゆえに、毎日できれば朝、もしくは夕方から夜にかけての時間でもよいので、決まった時間にきちんと排便ができる習慣を、幼児期のうちに身につけておくことが望まれる。

49. いつも寝る前にトイレに行きますか

【図表Ⅳ – 49】いつも寝る前にトイレに行く割合

時期	男子	女子	全体
1歳0ヶ月〜5ヶ月	0	13	7
1歳6ヶ月〜11ヶ月	0	33	18
2歳0ヶ月〜5ヶ月	6	24	14
2歳6ヶ月〜11ヶ月	50	30	33
3歳0ヶ月〜5ヶ月	53	66	59
3歳6ヶ月〜11ヶ月	60	74	68
4歳0ヶ月〜5ヶ月	80	81	80
4歳6ヶ月〜11ヶ月	85	79	82
5歳0ヶ月〜5ヶ月	86	87	87
5歳6ヶ月〜11ヶ月	86	90	88
6歳0ヶ月〜5ヶ月	89	82	85
6歳6ヶ月〜11ヶ月	93	84	90

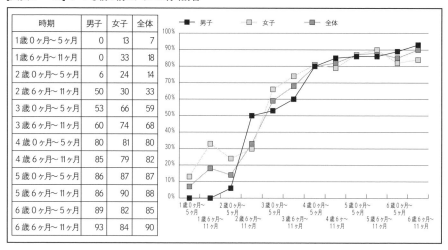

　いつも夜寝る前にトイレに行くかという問いに対して、図表Ⅳ-49を見ていくと男児は2歳から6%が行く結果になり、2歳後半には50%と半数が行くと回答している。その後、徐々に数値が増えていき、最終的に6歳後半では93%が寝る前にトイレに行っているということがわかる。女児の方は1歳から13%がトイレに行くということが集計結果でわかっており、男児より半年遅れての3歳で50%を超え66%という結果になっている。女児の方が早い時期から就寝前の排尿の習慣があるものが出現するが、全体としては加齢とともに習慣となっている幼児の割合が上昇する。70%を超えるのは4歳0ヶ月〜4歳5ヶ月の80%であるので、標準年齢は4歳といえる。

50. いつも寝る前に自分からトイレに行きますか

【図表Ⅳ - 50】いつも寝る前に自分からトイレに行く割合

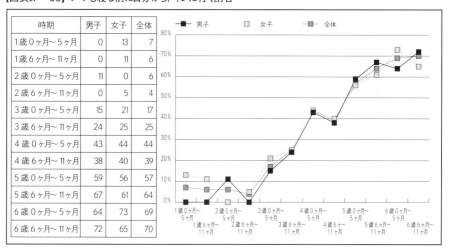

時期	男子	女子	全体
1歳0ヶ月〜5ヶ月	0	13	7
1歳6ヶ月〜11ヶ月	0	11	6
2歳0ヶ月〜5ヶ月	11	0	6
2歳6ヶ月〜11ヶ月	0	5	4
3歳0ヶ月〜5ヶ月	15	21	17
3歳6ヶ月〜11ヶ月	24	25	25
4歳0ヶ月〜5ヶ月	43	44	44
4歳6ヶ月〜11ヶ月	38	40	39
5歳0ヶ月〜5ヶ月	59	56	57
5歳6ヶ月〜11ヶ月	67	61	64
6歳0ヶ月〜5ヶ月	64	73	69
6歳6ヶ月〜11ヶ月	72	65	70

　次に、いつも夜寝る前に自分からトイレに行くかという質問である。前項図表Ⅳ-49と比べると数値も低く、グラフの数値が上がっていく年齢も遅いことがわかる。男女ともに2歳後半までは0〜13％であるが、3歳から男児は15％、女児は21％と少し数値が高くなっている。5歳になると50％を男女ともに超えており、6歳後半では全体で70％の値となり自立するという結果になった。ゆえに標準年齢は6歳6ヶ月と考えることができる。

　大人に声を掛けられることで夜寝る前にトイレを済ます子どもが多いが、自分から行くとなると前項に比べ、6歳後半の全体数値が約20％も低下するということがわかった。おむつを履いて寝る子どももいるという結果が出ているので、自分から寝る前にトイレに行くという習慣がつくのが全体的に遅くなっているのではないかと思われる。

51. いつも夜中にトイレに行かなくて済みますか

【図表Ⅳ‐51】いつも夜中にトイレに行かない割合

時期	男子	女子	全体
1歳0ヶ月〜5ヶ月	0	25	13
1歳6ヶ月〜11ヶ月	25	44	35
2歳0ヶ月〜5ヶ月	28	47	37
2歳6ヶ月〜11ヶ月	1	70	71
3歳0ヶ月〜5ヶ月	75	79	78
3歳6ヶ月〜11ヶ月	62	88	76
4歳0ヶ月〜5ヶ月	82	81	81
4歳6ヶ月〜11ヶ月	80	80	80
5歳0ヶ月〜5ヶ月	78	94	87
5歳6ヶ月〜11ヶ月	84	87	86
6歳0ヶ月〜5ヶ月	91	84	87
6歳6ヶ月〜11ヶ月	82	81	82

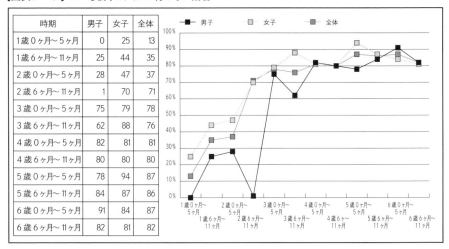

　いつも夜中にトイレに行かなくて済むかという質問だが、2歳6ヶ月〜2歳11ヶ月の年齢段階で71％となり、それ以降の年齢でも7割を下らない。しかし、前述している通り、夜間のおむつが不要になるのは5歳以降であるため、2歳6ヶ月から4歳11ヶ月の期間は夜間におむつをしていることになる。そのため、この期間はトイレに行かないものの、睡眠中に排尿をしているということであろう。夜間の睡眠中に排尿せず、朝まで眠っていられるくらい膀胱に尿をためることができるようになるのは、5歳0ヶ月以降ということになる。夜間の排尿に関しては、膀胱の発達とともに、しっかりと熟睡できているかどうかという睡眠の質も関連している。というのも、熟睡している場合、尿が作られる量が減少するからである。夜間のおむつが4歳代まで必要とされる現状には、睡眠の習慣の問題が内在されていることを併せて考えていく必要があるだろう。

52. 普段使っているトイレは和式と洋式のどちらですか

【図表IV – 52】普段使っているトイレが和式トイレの割合

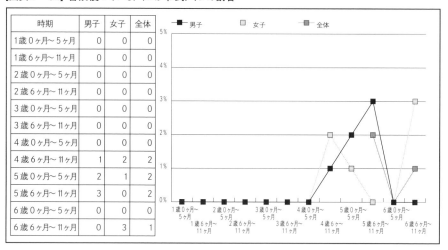

時期	男子	女子	全体
1歳0ヶ月～5ヶ月	0	0	0
1歳6ヶ月～11ヶ月	0	0	0
2歳0ヶ月～5ヶ月	0	0	0
2歳6ヶ月～11ヶ月	0	0	0
3歳0ヶ月～5ヶ月	0	0	0
3歳6ヶ月～11ヶ月	0	0	0
4歳0ヶ月～5ヶ月	0	0	0
4歳6ヶ月～11ヶ月	1	2	2
5歳0ヶ月～5ヶ月	2	1	2
5歳6ヶ月～11ヶ月	3	0	2
6歳0ヶ月～5ヶ月	0	0	0
6歳6ヶ月～11ヶ月	0	3	1

　普段使っているトイレは和式と洋式のどちらかという問いである。図表IV-52は和式トイレを普段使っている割合を示している。1歳から6歳後半まで男女全体でほぼ洋式トイレを使用しているという結果になった。ちなみに1歳から4歳前半までは洋式トイレでの使用が100％であり、4歳後半から5歳の間に和式トイレの使用が1～2％ある程度だった。また、男児は5歳後半に3％、女児は6歳後半に3％という回答があった。普段使用する、ということは家庭もしくは幼稚園・保育所等でのトイレであろう。つまり、幼児を取り巻く環境に和式トイレはほとんど存在しないということである。もしくは、和式トイレがあってもほとんど使っていないということになるだろう。

53. 和式トイレと洋式トイレのどちらも自分で使えますか

【図表Ⅳ‐53】和洋両方のトイレが使える割合

時期	男子	女子	全体
1歳0ヶ月～5ヶ月	0	0	0
1歳6ヶ月～11ヶ月	0	0	0
2歳0ヶ月～5ヶ月	6	0	3
2歳6ヶ月～11ヶ月	25	0	4
3歳0ヶ月～5ヶ月	12	14	13
3歳6ヶ月～11ヶ月	20	11	15
4歳0ヶ月～5ヶ月	25	27	26
4歳6ヶ月～11ヶ月	29	27	28
5歳0ヶ月～5ヶ月	25	36	31
5歳6ヶ月～11ヶ月	29	39	34
6歳0ヶ月～5ヶ月	31	47	39
6歳6ヶ月～11ヶ月	50	54	51

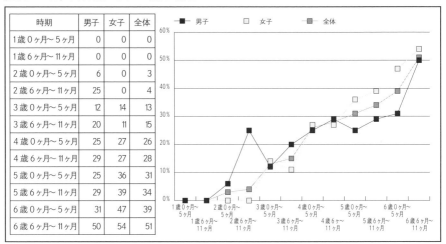

　和式トイレと洋式トイレのどちらも自分で使えるかという質問である。全体の数値は低く、50％を超えたのは6歳後半という結果になった。男児は2歳で6％という数値で、その後はほぼ20％台で6歳になると30％という回答になっている。女児は2歳後半までは0％で、3歳から14％という結果が出ている。男児よりも緩やかに洋式トイレも和式トイレも使用できるようになっている。

　この結果から、洋式トイレの使用はできるものの和式トイレの使用ができず、どちらも使えるという項目の数値が低くなったと言える。幼児期には和式、洋式の両方が使えるようにはならないという結果である。

　最近の幼稚園・保育所等のトイレは洋式トイレが多く、ショッピングセンターなどの子どもトイレも洋式トイレを設置していることが多い。そのため、和式トイレを使用すること自体がなくなってきているのではないだろうか。経験の少なさから、どちらとも使用したことのある子どもが減少しているのだろう。

3．今回のアンケート結果から見えてくるもの

（1）夜間のおむつ使用について

【図表Ⅳ - ⅰ】夜間のおむつ使用の比較

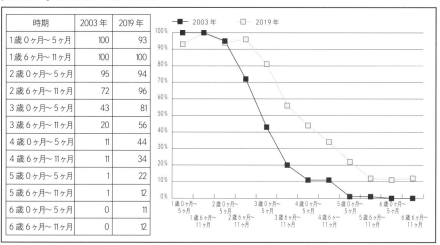

時期	2003 年	2019 年
1 歳 0 ヶ月〜5 ヶ月	100	93
1 歳 6 ヶ月〜11 ヶ月	100	100
2 歳 0 ヶ月〜5 ヶ月	95	94
2 歳 6 ヶ月〜11 ヶ月	72	96
3 歳 0 ヶ月〜5 ヶ月	43	81
3 歳 6 ヶ月〜11 ヶ月	20	56
4 歳 0 ヶ月〜5 ヶ月	11	44
4 歳 6 ヶ月〜11 ヶ月	11	34
5 歳 0 ヶ月〜5 ヶ月	1	22
5 歳 6 ヶ月〜11 ヶ月	1	12
6 歳 0 ヶ月〜5 ヶ月	0	11
6 歳 6 ヶ月〜11 ヶ月	0	12

　今回調査では、夜間のおむつ使用状況について質問項目を設けている。しかし 2003 年の谷田貝ら調査[注1] では、夜間のおむつ使用についての質問項目はないため、図表Ⅳ-ⅰ の 2003 年については日中も含めたおむつ使用の状況である。おむつ自体を使用しなくなる年齢を示しているため、当然夜間のおむつも使用していないと考えることができる。

　このグラフから、今回の調査での夜間のおむつ使用がかなりの高年齢まで続いていることがわかる。日中のおむつ使用の離脱については、2003 年の谷田貝ら調査の結果と差はほとんどなく、その標準年齢は 3 歳 6 ヶ月である。しかし、夜間のおむつ使用について、今回調査では 5 歳 0 ヶ月が標準年齢である。2003 年には夜間も日中もすべて含めて 3 歳 6 ヶ月にはおむつ使用を終了している状況に比べ、夜間については 1 年 6 ヶ月の遅れが見られることになる。また、その後 6 歳 11 ヶ月の年齢段階までの間も、約 1 割の子どもが夜間のおむつを使用している。おむつをしているということは、毎日

ではなくても夜間のおもらしがあるということが想像できる。小学校に入学
する段階で1割の子どもが夜間におもらしをしている状況は危惧される問
題である。

（2）和式トイレの使用について

　和式トイレは最近の保育現場ではほとんど見かけなくなった。小学校でも
洋式トイレが主流になってきており、子ども達が日常で和式トイレを使用
する機会はほとんどないのであろう。しかし、戸外の施設などまだまだ多
くの場所に和式トイレは残っており、それが使用できないと困ることになっ
てしまう。

　2003年の谷田貝ら調査では、和式トイレが使えるようになる標準年齢は
5歳であったが、今回調査では幼児期での自立は見られなかった。最高年齢
段階の6歳6ヶ月〜6歳11ヶ月でも、和式トイレが使用できるのは5割で
ある。

　近年、駅などの和式トイレを若い人があえて避けている姿をよく見かけ
る。年配の方のようにしゃがめないわけではなく、和式トイレに不潔感を覚
えるようである。保護者についても、和式トイレを不快に感じる人が増えて
いることは想像できるので、あえて子どもに和式トイレの練習をさせようと
しないのかもしれない。しかし、和式トイレを使用できないことによる不便
を考えると、小学校入学までには一人で使用できるようにしておく必要を感
じる。

（３）排便の規則性の問題

【図表Ⅳ‐ⅱ】大便の時間が大体決まっている割合の比較

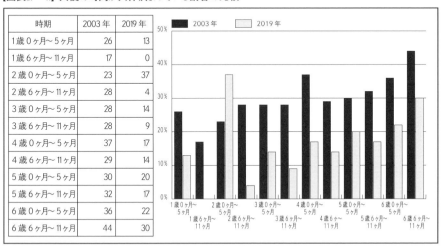

時期	2003年	2019年
1歳0ヶ月〜5ヶ月	26	13
1歳6ヶ月〜11ヶ月	17	0
2歳0ヶ月〜5ヶ月	23	37
2歳6ヶ月〜11ヶ月	28	4
3歳0ヶ月〜5ヶ月	28	14
3歳6ヶ月〜11ヶ月	28	9
4歳0ヶ月〜5ヶ月	37	17
4歳6ヶ月〜11ヶ月	29	14
5歳0ヶ月〜5ヶ月	30	20
5歳6ヶ月〜11ヶ月	32	17
6歳0ヶ月〜5ヶ月	36	22
6歳6ヶ月〜11ヶ月	44	30

　大便がある程度決まった時間に出る子どもの割合を、2003年谷田貝調査と今回調査で比較したものが図表Ⅳ‐ⅱである。2003年の段階でも排便が決まった時間にある割合はかなり低く、どの年齢段階でも３割前後であった。しかし、今回の調査ではさらにその状態は悪化している。排便に規則性が見られるのは２割前後まで減っているのである。排便の規則性については、年齢との関係性はなく、加齢とともに数値が上昇する傾向は見られない。つまり、幼児期に確立されていない場合に、その後の小学校生活で身につく保障はほぼ無いということになる。小学校以降の学校生活を考えると、排便は朝か夜に済ませる習慣をつけるのが安心だろう。今回調査でこれほど数値の低下が見られることは、子どもの健康面、精神面、学習面等への悪影響が懸念されるのである。

4．概括

・日中のおむつの使用が終了する標準年齢は3歳6ヶ月である。

・夜中のおむつが不要となる標準年齢は5歳である。

・夢中粗相が消失する標準年齢は4歳6ヶ月である。

・小便が自分でできるようになる標準年齢は3歳6ヶ月で、大便は4歳である。

・排泄後に紙で拭くことができるようになる標準年齢は5歳である。

・どの年齢段階でも大便がほぼ毎日出ている子どもが最も多い。

・大便はほぼ毎日出ているが、時間は定まっていない。

・就寝前に自分からトイレに行く標準年齢は6歳6ヶ月である。

・幼児期には和式・洋式両方のトイレを使えるようにはならない。

・全体的に排泄の自立は女児の方が早い傾向がある。

【引用・参考文献】

　　(注1) 谷田貝公昭・高橋弥生『第3版　データでみる　幼児の基本的生活習慣』一藝社、2016年

排泄の習慣の自立の標準年齢

年齢	習　　　慣
1歳0ヶ月	
1歳6ヶ月	
2歳0ヶ月	
2歳6ヶ月	
3歳0ヶ月	付き添えば小便が自分でできる
3歳6ヶ月	日中のおむつの終了　　　　　　付き添えば大便が自分でできる 自分で小便ができる
4歳0ヶ月	自分で大便ができる　　　　　　就寝前にトイレに行く
4歳6ヶ月	夢中粗相の消失
5歳0ヶ月	夜間のおむつの終了　　　　　　排泄後紙で拭ける
5歳6ヶ月	
6歳0ヶ月	
6歳6ヶ月	就寝前自分からトイレに行く
6歳11か月まで に自立しない 項目	和式トイレ・洋式トイレのどちらも自分で使える

Ⅴ 着脱衣の習慣

1．着脱衣の習慣とは

　着脱衣の習慣とは衣服を着たり脱いだりする習慣である。この習慣の自立の発達は、手指の運動能力のそれと密接な関係がある。また、この習慣は脱ぐことから始まり、次第に着ることへと進んでいく。

　この習慣はひもを結ぶ動作に見られるように、生活環境の変化との関係が極めて深いのである。近年子どもの衣服は、Ｔシャツに代表されるように簡単に着脱できるものが大変多くなっている。それだけに自立が早まっているものがある反面、ボタンをとめることやひもを結ぶといった手指の巧緻性を訓練をするような機会が大変少なくなってきている。目と手指の協応性は、子どもの神経支配の大切な要素であることを考えると、簡単・便利・迅速を追求した彼らの衣服は再考の余地があるといえる。

　着脱衣行動の発達基準を考察するにあたり、質問事項の内容から、4つに分けて考えていく。(1)着脱衣行動の意欲の発達、(2)着脱衣行動の個々の発達、(3) 靴や帽子などの着装行動、(4) 着脱衣の完全自立である。

２．調査結果

（１）着脱衣行動の意欲の発達

54. 衣服を脱ぐとき、いつも自分で脱ごうとしますか

【図表Ⅴ-54】いつも自分で脱ごうとする割合

時期	男子	女子	全体
1歳0ヶ月〜5ヶ月	43	25	33
1歳6ヶ月〜11ヶ月	75	44	59
2歳0ヶ月〜5ヶ月	61	82	71
2歳6ヶ月〜11ヶ月	75	75	75
3歳0ヶ月〜5ヶ月	68	72	70
3歳6ヶ月〜11ヶ月	71	96	85
4歳0ヶ月〜5ヶ月	83	90	87
4歳6ヶ月〜11ヶ月	94	88	91
5歳0ヶ月〜5ヶ月	93	97	95
5歳6ヶ月〜11ヶ月	94	98	96
6歳0ヶ月〜5ヶ月	98	98	98
6歳6ヶ月〜11ヶ月	97	100	98

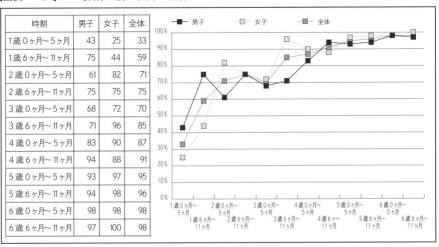

　着脱衣行動ができるようになる前に、着脱衣について興味・関心・意欲が現れてくる必要がある。質問54は、着脱衣行動についてこうした要求を幼児がいつ現わすかをみようとしたものである。図表Ⅴ-54がそれである。

　脱衣の要求は、1歳から2歳5ヶ月の間に急増している。そして、70％を超えるのは、2歳〜2歳5ヶ月であるから衣服を一人で脱ごうとする標準年齢は2歳といえる。

55. 衣服を着るとき、いつも自分で着ようとしますか

【図表V-55】いつも自分で着ようとする割合

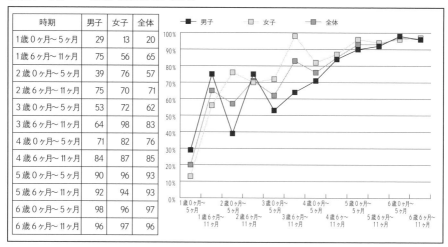

時期	男子	女子	全体
1歳0ヶ月〜5ヶ月	29	13	20
1歳6ヶ月〜11ヶ月	75	56	65
2歳0ヶ月〜5ヶ月	39	76	57
2歳6ヶ月〜11ヶ月	75	70	71
3歳0ヶ月〜5ヶ月	53	72	62
3歳6ヶ月〜11ヶ月	64	98	83
4歳0ヶ月〜5ヶ月	71	82	76
4歳6ヶ月〜11ヶ月	84	87	85
5歳0ヶ月〜5ヶ月	90	96	93
5歳6ヶ月〜11ヶ月	92	94	93
6歳0ヶ月〜5ヶ月	98	96	97
6歳6ヶ月〜11ヶ月	96	97	96

　質問55は、着衣の意欲をたずねたものである。図表V-55がその結果である。％に凸凹があるが、2歳〜2歳5ヶ月で71％を超えている。しかし、前後が70％に達していない。2003年の調査をみると、1歳6ヶ月〜2歳47.92％、2歳〜2歳6ヶ月83.95％、2歳6ヶ月〜3歳81.40％で、2歳を標準年齢としていることから推察し、一人で着ようとする標準年齢は2歳6ヶ月としていいように思われる。

（2）着脱衣行動の個々の発達

56. いつもパンツを自分で脱ぎますか
57. いつもパンツを自分ではきますか

　パンツを自分で脱いでいることの発達を示したものが図表V-56である。男女共に2歳6ヶ月〜11ヶ月で70％となっていることから、2歳6ヶ月が標準年齢といえる。

　一方、パンツを自分ではいていることの発達を示したものが図表V-57

である。3歳6ヶ月〜3歳11ヶ月で87%であるから3歳6ヶ月がパンツを自分ではいていることの標準年齢である。

　よって、パンツの脱ぎ着は、脱ぐことよりはくことのほうが半年遅くなっている。

　山下調査[注1]の場合「パンツやブルマーを独りですっかりはけますか」という質問であるが、現代ではブルマーはほとんど使われていないので本調査では削除した。

【図表V – 56】いつも自分でパンツを脱ぐ割合

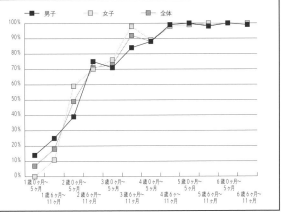

時期	男子	女子	全体
1歳0ヶ月〜5ヶ月	14	0	7
1歳6ヶ月〜11ヶ月	25	11	18
2歳0ヶ月〜5ヶ月	39	59	49
2歳6ヶ月〜11ヶ月	75	70	71
3歳0ヶ月〜5ヶ月	71	76	73
3歳6ヶ月〜11ヶ月	84	98	92
4歳0ヶ月〜5ヶ月	88	89	88
4歳6ヶ月〜11ヶ月	99	98	98
5歳0ヶ月〜5ヶ月	100	99	99
5歳6ヶ月〜11ヶ月	98	100	99
6歳0ヶ月〜5ヶ月	100	100	100
6歳6ヶ月〜11ヶ月	99	100	99

【図表V – 57】いつも自分でパンツをはく割合

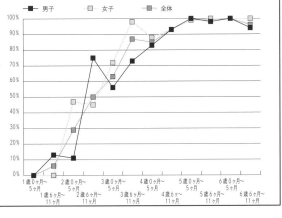

時期	男子	女子	全体
1歳0ヶ月〜5ヶ月	0	0	0
1歳6ヶ月〜11ヶ月	13	0	6
2歳0ヶ月〜5ヶ月	11	47	29
2歳6ヶ月〜11ヶ月	75	45	50
3歳0ヶ月〜5ヶ月	56	72	63
3歳6ヶ月〜11ヶ月	73	98	87
4歳0ヶ月〜5ヶ月	83	88	85
4歳6ヶ月〜11ヶ月	93	93	93
5歳0ヶ月〜5ヶ月	100	99	99
5歳6ヶ月〜11ヶ月	98	100	99
6歳0ヶ月〜5ヶ月	100	100	100
6歳6ヶ月〜11ヶ月	94	100	96

58. いつもＴシャツを自分で脱ぎますか

59. いつもＴシャツを自分で着ますか

【図表Ⅴ‐58】いつも自分でＴシャツを脱ぐ割合

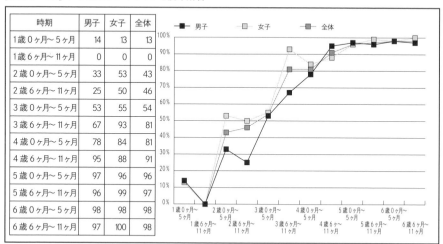

時期	男子	女子	全体
1歳0ヶ月～5ヶ月	14	13	13
1歳6ヶ月～11ヶ月	0	0	0
2歳0ヶ月～5ヶ月	33	53	43
2歳6ヶ月～11ヶ月	25	50	46
3歳0ヶ月～5ヶ月	53	55	54
3歳6ヶ月～11ヶ月	67	93	81
4歳0ヶ月～5ヶ月	78	84	81
4歳6ヶ月～11ヶ月	95	88	91
5歳0ヶ月～5ヶ月	97	96	96
5歳6ヶ月～11ヶ月	96	99	97
6歳0ヶ月～5ヶ月	98	98	98
6歳6ヶ月～11ヶ月	97	100	98

【図表Ⅴ‐59】いつも自分でＴシャツを着る割合

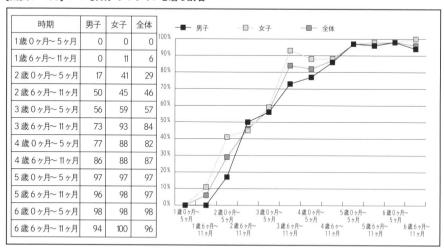

時期	男子	女子	全体
1歳0ヶ月～5ヶ月	0	0	0
1歳6ヶ月～11ヶ月	0	11	6
2歳0ヶ月～5ヶ月	17	41	29
2歳6ヶ月～11ヶ月	50	45	46
3歳0ヶ月～5ヶ月	56	59	57
3歳6ヶ月～11ヶ月	73	93	84
4歳0ヶ月～5ヶ月	77	88	82
4歳6ヶ月～11ヶ月	86	88	87
5歳0ヶ月～5ヶ月	97	97	97
5歳6ヶ月～11ヶ月	96	98	97
6歳0ヶ月～5ヶ月	98	98	98
6歳6ヶ月～11ヶ月	94	100	96

　Ｔシャツは最もよく着られている衣服の一つであろう。肌着であり下着の一種である。わが国でＴシャツが一般的に広まったのは1970年頃といわれている。

Tシャツをいつも自分で脱いでいることの発達を示したのが図表V−58である。70〜75%を超えるのは3歳6ヶ月〜3歳11ヶ月で81%である。

　よって、いつもTシャツを自分で脱いでいるのは3歳6ヶ月が標準年齢である。

　それに対して、いつもTシャツを自分で着る動作の発達を示したものが図表V−59である。3歳6ヶ月〜3歳11ヶ月で84%であるから、3歳6ヶ月が自分で着ることの標準年齢である。

　Tシャツの脱ぎ着が簡単なためか、標準年齢が共に3歳6ヶ月で同じである。換言すれば、脱ぎ着の発達がほぼ同時に進行する動作といえよう。

60. いつも前開きの衣服の袖を両方とも正しく自分で通せますか

【図表V−60】いつも前開きの服の両袖を通せる割合

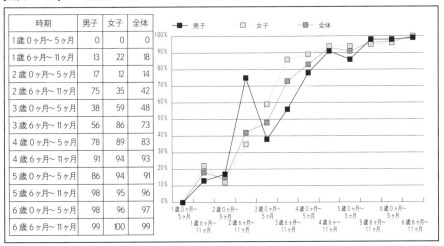

時期	男子	女子	全体
1歳0ヶ月〜5ヶ月	0	0	0
1歳6ヶ月〜11ヶ月	13	22	18
2歳0ヶ月〜5ヶ月	17	12	14
2歳6ヶ月〜11ヶ月	75	35	42
3歳0ヶ月〜5ヶ月	38	59	48
3歳6ヶ月〜11ヶ月	56	86	73
4歳0ヶ月〜5ヶ月	78	89	83
4歳6ヶ月〜11ヶ月	91	94	93
5歳0ヶ月〜5ヶ月	86	94	91
5歳6ヶ月〜11ヶ月	98	95	96
6歳0ヶ月〜5ヶ月	98	96	97
6歳6ヶ月〜11ヶ月	99	100	99

　両袖に手をきちんと通す動作は、Tシャツを着る動作と違って巧みさを必要とする動作である。

　いつも誰の助けもなく自分で両袖共通してきていることの発達を示したものが図表V−60である。概ね男子に比べ女子の方が発達が早くなっている。

　3歳6ヶ月〜3歳11ヶ月の段階で、急にできるようになり男女共に70%

を超えるのは4歳0ヶ月〜4歳5ヶ月である。このことから衣服の袖を両方とも正しく自分で通す動作は4歳が標準年齢である。

61. いつも洋服の前ボタンを自分でかけますか

【図表V – 61】いつも服の前ボタンを自分でかける割合

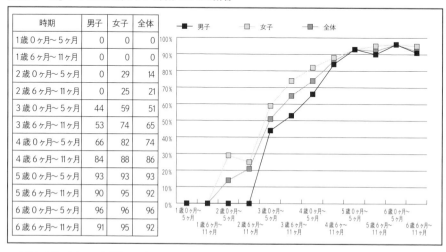

時期	男子	女子	全体
1歳0ヶ月〜5ヶ月	0	0	0
1歳6ヶ月〜11ヶ月	0	0	0
2歳0ヶ月〜5ヶ月	0	29	14
2歳6ヶ月〜11ヶ月	0	25	21
3歳0ヶ月〜5ヶ月	44	59	51
3歳6ヶ月〜11ヶ月	53	74	65
4歳0ヶ月〜5ヶ月	66	82	74
4歳6ヶ月〜11ヶ月	84	88	86
5歳0ヶ月〜5ヶ月	93	93	93
5歳6ヶ月〜11ヶ月	90	95	92
6歳0ヶ月〜5ヶ月	96	96	96
6歳6ヶ月〜11ヶ月	91	95	92

　近年子どもの衣服はボタンのついているものは少なくなってきている。

　図表V－61がいつも洋服の前ボタンを自分でかける割合を示したものである。手指の巧緻性の発達が十分でない1歳〜1歳11ヶ月までは0％であることは当然であるとしても、70〜75％の自立ラインに達するのは4歳0ヶ月〜4歳5ヶ月である。このことから洋服のボタンを自分でかけている行動の標準年齢は4歳となる。

　ボタンをかける動作は一つの発達的特徴としてよく用いられている。たとえば、牛島義友[注2]の「社会的生活能力検査」（昭和22年）によれば、「上衣のボタンがかけられる」は3歳級の課題となっている。しかし、上衣のどの部分のボタンかは不明である。もっといえば、ボタンの大きさ、部位、洋服の生地、時間などを指定した調査は見当たらない。

62. いつも洋服の前ファスナーを自分でかけますか

【図表Ⅴ - 62】いつも自分で前ファスナーをかける割合

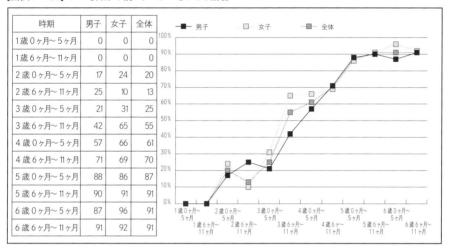

時期	男子	女子	全体
1歳0ヶ月～5ヶ月	0	0	0
1歳6ヶ月～11ヶ月	0	0	0
2歳0ヶ月～5ヶ月	17	24	20
2歳6ヶ月～11ヶ月	25	10	13
3歳0ヶ月～5ヶ月	21	31	25
3歳6ヶ月～11ヶ月	42	65	55
4歳0ヶ月～5ヶ月	57	66	61
4歳6ヶ月～11ヶ月	71	69	70
5歳0ヶ月～5ヶ月	88	86	87
5歳6ヶ月～11ヶ月	90	91	91
6歳0ヶ月～5ヶ月	87	96	91
6歳6ヶ月～11ヶ月	91	92	91

　山下調査^(注3) では、ホック（ファスナー）に関する項目が5項目あったが、近年はあまり使われていないので削除し、ファスナーの質問を一つ設けた。それが、いつも洋服のファスナーを自分でかけていますかというものである。図表Ⅴ-62がその発達を示したものである。

　この動作も1歳～1歳11ヶ月では0％であるが、前項のボタンかけと同様な理由によるものであろう。自立ラインの70％～75％に達するのは、4歳6ヶ月～4歳11ヶ月であるから4歳6ヶ月が標準年齢となる。典型的な手と目の協応動作であるが、幼児にとっては難しい動作のようである。

（3）付属品の着装行動

63. いつも靴を自分ではきますか

【図表Ⅴ‐63】いつも靴を自分ではく割合

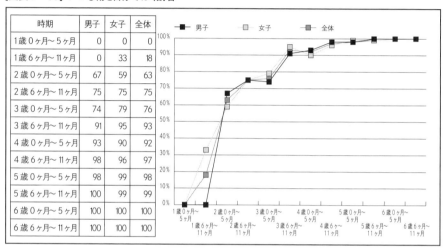

時期	男子	女子	全体
1歳0ヶ月〜5ヶ月	0	0	0
1歳6ヶ月〜11ヶ月	0	33	18
2歳0ヶ月〜5ヶ月	67	59	63
2歳6ヶ月〜11ヶ月	75	75	75
3歳0ヶ月〜5ヶ月	74	79	76
3歳6ヶ月〜11ヶ月	91	95	93
4歳0ヶ月〜5ヶ月	93	90	92
4歳6ヶ月〜11ヶ月	98	96	97
5歳0ヶ月〜5ヶ月	98	99	98
5歳6ヶ月〜11ヶ月	100	99	99
6歳0ヶ月〜5ヶ月	100	100	100
6歳6ヶ月〜11ヶ月	100	100	100

　現代の靴は色、形態等さまざまなものがある。いつも靴を自分ではく割合を示したものが図表Ⅴ‐63である。靴の種類は問うてはいない。靴ならばなんでもよいのである。

　いつも靴を自分ではく行動は2歳6ヶ月が標準年齢である。6歳以降は、男女とも100%であり、こうしたことは他項目ではみられない。

64. いつも靴下を自分ではきますか

【図表Ⅴ-64】いつも靴下を自分ではく割合

時期	男子	女子	全体
1歳0ヶ月～5ヶ月	0	0	0
1歳6ヶ月～11ヶ月	13	44	29
2歳0ヶ月～5ヶ月	39	59	49
2歳6ヶ月～11ヶ月	50	40	42
3歳0ヶ月～5ヶ月	76	76	76
3歳6ヶ月～11ヶ月	76	91	84
4歳0ヶ月～5ヶ月	83	85	84
4歳6ヶ月～11ヶ月	89	94	91
5歳0ヶ月～5ヶ月	98	97	98
5歳6ヶ月～11ヶ月	100	98	99
6歳0ヶ月～5ヶ月	100	100	100
6歳6ヶ月～11ヶ月	96	100	97

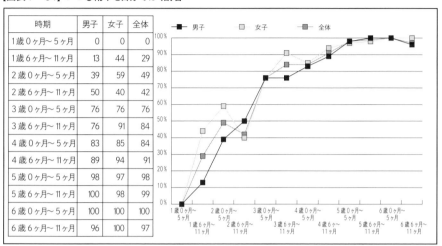

　現代は靴下をはいて靴をはく生活が一般的である。いつも靴下を自分ではく割合を示したものが図表Ⅴ-64である。自立ラインである70～75%を超えているのは男女とも3歳～3歳5ヶ月であるから、いつも靴下をはく行動の標準年齢は3歳である。

　先にみた靴をはく行動の標準年齢が2歳6ヶ月であるから、靴下をはく行動は半年遅れていることがわかる。それまでははかない、もしくは誰かに手伝ってもらっているということであろう。

　人類の歴史は裸足のそれであった。靴下をはいて靴をはくようになって、足についてさまざまな問題をひき起こしてきている。一考の余地があるといえる。

65. いつも帽子を自分でかぶりますか

【図表V - 65】いつも自分で帽子をかぶる割合

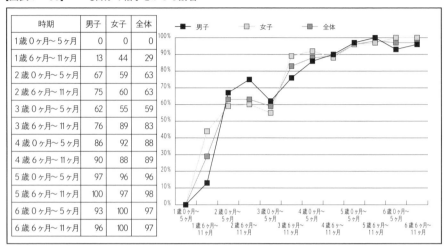

時期	男子	女子	全体
1歳0ヶ月〜5ヶ月	0	0	0
1歳6ヶ月〜11ヶ月	13	44	29
2歳0ヶ月〜5ヶ月	67	59	63
2歳6ヶ月〜11ヶ月	75	60	63
3歳0ヶ月〜5ヶ月	62	55	59
3歳6ヶ月〜11ヶ月	76	89	83
4歳0ヶ月〜5ヶ月	86	92	88
4歳6ヶ月〜11ヶ月	90	88	89
5歳0ヶ月〜5ヶ月	97	96	96
5歳6ヶ月〜11ヶ月	100	97	98
6歳0ヶ月〜5ヶ月	93	100	97
6歳6ヶ月〜11ヶ月	96	100	97

　学帽がすたれたのに対して、現代はさまざまな色や形の帽子がある。

　帽子の種類は問うてはいない。図表V - 65がいつも自分で帽子をかぶる割合を示したものである。3歳6ヶ月から3歳11ヶ月で83%であるから、いつも帽子を自分でかぶる行動の標準年齢は3歳6ヶ月となる。

66. いつも袖口のボタンを自分でかけますか

【図表Ⅴ-66】いつも自分で袖ボタンをかける割合

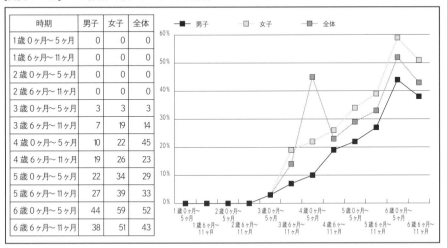

時期	男子	女子	全体
1歳0ヶ月〜5ヶ月	0	0	0
1歳6ヶ月〜11ヶ月	0	0	0
2歳0ヶ月〜5ヶ月	0	0	0
2歳6ヶ月〜11ヶ月	0	0	0
3歳0ヶ月〜5ヶ月	3	3	3
3歳6ヶ月〜11ヶ月	7	19	14
4歳0ヶ月〜5ヶ月	10	22	45
4歳6ヶ月〜11ヶ月	19	26	23
5歳0ヶ月〜5ヶ月	22	34	29
5歳6ヶ月〜11ヶ月	27	39	33
6歳0ヶ月〜5ヶ月	44	59	52
6歳6ヶ月〜11ヶ月	38	51	43

　ボタンは一般的に前の下部から上部に向かって難易度が高くなる。下部は見えても上部は見えないからである。その次に難しいのは右利きの場合、右の袖口、左の袖口の順となる。左利きの場合は逆転する。

　この設問でもボタンの大きさや衣類の生地は問うてはいない。いつも自分で袖ボタンをかける割合を示したものが図表Ⅴ-66である。先に図表Ⅴ-61でみたように、前のボタンは4歳で自立していたが、袖口のボタンは自立がみられない。

　山下調査[注4]によれば、袖口のボタンは6歳で自立している。袖口のボタンをかける行動は現代の幼児にとっては大変ハードルの高いものとなっている。

67. いつも靴などのひもを自分で花結び（蝶々結び）にしますか

【図表V‐67】いつも靴ひもなどを花結びにできる割合

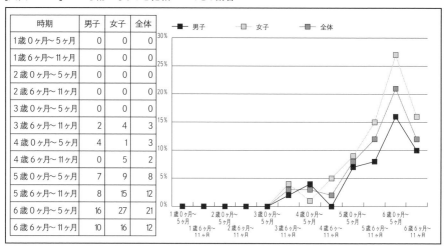

時期	男子	女子	全体
1歳0ヶ月～5ヶ月	0	0	0
1歳6ヶ月～11ヶ月	0	0	0
2歳0ヶ月～5ヶ月	0	0	0
2歳6ヶ月～11ヶ月	0	0	0
3歳0ヶ月～5ヶ月	0	0	0
3歳6ヶ月～11ヶ月	2	4	3
4歳0ヶ月～5ヶ月	4	1	3
4歳6ヶ月～11ヶ月	0	5	2
5歳0ヶ月～5ヶ月	7	9	8
5歳6ヶ月～11ヶ月	8	15	12
6歳0ヶ月～5ヶ月	16	27	21
6歳6ヶ月～11ヶ月	10	16	12

　結ぶという動作は人類が最も古代に開発した建設的な技法である。われわれ人間がつくるものは、何でも2つの動作の組み合わせでできるのである。それは、切ることくっつけることである。くっつけることで最初に開発した技法が結ぶという動作である。

　靴などの種類は問わない。いつも靴などのひもを花結び（蝶々結び）にできる割合を示したのが図表V‐67である。自立がみられないどころか、そのかけらさえもみられないのである。

　現代の幼児向けの靴は、ひもを結ぶものは極端に少なくなっているようである。一見ひもを結んだ靴に見えても面ファスナーだったりするのである。

　日常生活の中で結ぶ動作が少なくなってしまったが、簡単・便利・迅速だけを追わず、小学校就学までに堅結びと花結びくらいはできるようにしたいものである。

（4）着脱衣の完全自立

68. 手伝いなしに、いつも自分で衣服を脱ぐことができますか
69. 手伝いなしに、いつも自分で衣服を着ることができますか

【図表Ⅴ-68】 手伝いなしにいつも自分で服を脱げる割合

時期	男子	女子	全体
1歳0ヶ月〜5ヶ月	0	0	0
1歳6ヶ月〜11ヶ月	0	0	0
2歳0ヶ月〜5ヶ月	11	24	17
2歳6ヶ月〜11ヶ月	25	15	17
3歳0ヶ月〜5ヶ月	50	45	48
3歳6ヶ月〜11ヶ月	51	72	63
4歳0ヶ月〜5ヶ月	71	81	76
4歳6ヶ月〜11ヶ月	89	82	85
5歳0ヶ月〜5ヶ月	90	96	93
5歳6ヶ月〜11ヶ月	96	95	95
6歳0ヶ月〜5ヶ月	100	92	96
6歳6ヶ月〜11ヶ月	97	100	98

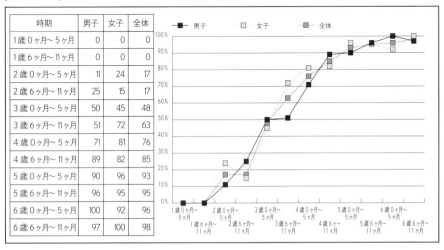

【図表Ⅴ-69】 手伝いなしにいつも自分で服を着られる割合

時期	男子	女子	全体
1歳0ヶ月〜5ヶ月	0	0	0
1歳6ヶ月〜11ヶ月	0	0	0
2歳0ヶ月〜5ヶ月	6	12	9
2歳6ヶ月〜11ヶ月	50	20	25
3歳0ヶ月〜5ヶ月	32	45	38
3歳6ヶ月〜11ヶ月	53	77	67
4歳0ヶ月〜5ヶ月	66	85	75
4歳6ヶ月〜11ヶ月	84	83	84
5歳0ヶ月〜5ヶ月	86	96	91
5歳6ヶ月〜11ヶ月	96	95	95
6歳0ヶ月〜5ヶ月	100	98	99
6歳6ヶ月〜11ヶ月	96	95	95

自分で衣服の脱ぎ着ができて完全自立である。

まず脱ぐ動作についてである。その発達を示したものが図表Ⅴ−68である。女子は3歳6ヶ月〜3歳11ヶ月で72％で自立しているが、全体では4歳〜4歳5ヶ月で76％であるから、自分で衣服を脱ぐことができる動作の標準年齢は4歳ということになる。

一方、衣服を自分で着る動作はどうであろうか。その発達を示したものが図表Ⅴ−69である。自分で着ることができるのは4歳〜4歳5ヶ月で75％である。よって、「手伝いなしに、いつも自分で衣服を着ることができる」動作の標準年齢は4歳と設定できる。

衣服を自分で脱ぐことと着ることの動作は同時期に自立していることがわかる。

山下調査[注5]によれば、脱衣が5歳、着衣が6歳でそれぞれ自立している。このことから現代の幼児の方が脱衣で1年、着衣で2年自立が早まっていることがわかる。要因はいろいろ考えられるが、衣服が脱ぎ着しやすいものに変わってきたことが最大の理由と思われる。

（5）着脱衣習慣の問題点

変わってきた子どもの衣服

ボタンをかける動作の可能になる年齢を、先行研究からまとめたものが図表Ⅴ−ⅰである。[注6] 1985年（昭和60年）の調査以外は、すべて最もやさしい前のボタンをとめる動作である。ただし、前のボタンといっても前の上の方なのか、中ほどなのか、それとも下の方なのか、あるいは、ボタンの大きさ、衣服の生地等に関しての指定はない。

ボタンをとめる動作は、日常生活の中で行う典型的な手と目の協応動作である。ところが、現代の子どもの中には、中学生になってもＹシャツの第一ボタンをかけられない子もいるのである。

先にも述べたように、ボタンをとめる動作は一般的にいって下の前のボ

【図表Ⅴ‒ i】ボタンをとめる動作自立年齢

調査者	調査年	自立年齢
ド ル	1936	3歳半
ゲゼル	1940	4歳
山下俊郎	1935～1936	4歳
牛島義友	1949	3歳半
日本保育学会	1954/1969	共に3歳
谷田貝公昭	1985	小上部1年生、大上部年中児 小中部年中児、大中部年中児 小下部年長児、大下部年中児 小右手首4年生、大右手首3年生 小左手首3年生、小右手首3年生 ※　小…直径0.5cm、大…直径1.5cm
谷田貝公昭	1986	3歳半

(谷田貝1991より引用)

タンが最もとめやすく、上に向かうにつれて難易度が増すのである。とめようとするボタンとかがり穴がみえなくなってくるからである。右利きの場合は、左袖口、右袖口の順に難しくなる。左利きの場合は、それが逆転する。

　現代の子どもたちの衣服を見てみると、ボタンでとめるものは極端に減少し、ほとんどがかぶって着るものになっている。「ボタンをとめる動作を子どもに教えることは面倒だ」と親が思っていそうなことを、業者はいちはやく察知しているともいえそうである。ひも靴が減少したのと同じ理由で、親と業者が、せっかくの手さばきと頭の訓練の機会を奪っているのである。現代の子どもの衣服は、彼らの発達的見地から見直されてしかるべきであるといえる。

　園に行くと、ボタンをとめられないということで、人形に着せる洋服にボタンをかけて、それで遊ばせ、ボタンとめの訓練をしているところもある。そうした園では、保育者がいかにもやっていますといわんばかりの顔をして説明してくれるのである。確かに、やらないよりやったほうがよいに決まっているが、ボタンは人形に着せる洋服のためにあるのではないのである。

そうしたことより、園で子どもに着せているスモックを見直してほしいものである。保育者が面倒だからかどうかは分からないが、頭からかぶるものが多いからである。スモックだけではない。日常生活においても、Ｔシャツやセーターに代表されるような、頭からかぶって万歳すれば着られるものがほとんどなのが現実である。

　こうした衣服は、簡単に着られるから、手がかからず大人は楽である。しかし、子どもにとっては必ずしも望ましいことではない。現代はボタンに限らず、できるだけ子どもを楽に育てようという親が増えてきているように思われる。換言すれば、子どもを育てることの重要性が忘れられているともいえる。これは子どもの成長にとって、決してよいことではない。子育ての苦労が、子どもの成長発達にいかに重要であるかについて考えてみる必要があるといえよう。手抜き教育（子育て）は、手抜き文化の基になる。別言すれば、人間的な本質を失うことになるのである。

メチャクチャなひもの結び方

　ひもを結ぶという動作は、人間が古代に開発した最初の建設的技法だといわれている。ところが、今やその技法が失われつつある。結べないのである。確かに、日常生活の中で結ぶ動作は少なくなってきている。しかし、よく探すと結構あるのである。ハンカチで弁当を包むことは３歳児でできる（堅結び、ただし、きちんと指導した場合である）。あるいは、靴のひもである。大人でも縦結びで平気な人もいる。街を歩いていて時々見かける。結び方より、はければいいといった感じである。箸の持ち方・使い方より、食べられればよいというのと同じである。

　物を作ることは、二つの動作の組み合わせでできる。あの科学の粋を集めたようなスペースシャトルでもである。それは「切る」ことと「くっつける」（つなぐ）ことである。したがって、作るための道具をみてみると、切る道具とくっつける道具の二種類に大別できる。ハサミ・ナイフ・ノコギリなど

は切る道具だし、ノリ・セロハンテープ・クギなどはくっつける道具である。ただ、モノサシなどのように切るのでもなく、くっつけるものでもない道具もある。しかし、よく考えてみると、切ったり、くっつけたりするとき、あるいはその後測ったりするから、どちらかの動作の補助的役割をしている。くっつける動作で、最初に考え出した技法が結ぶという動作である。せめて、小学校就学までに、堅結びと花結び（蝶々結び、リボン結び）は身につけさせてほしいものである。

　牛島義友^(注7)の「社会的生活能力検査」によれば、ひもが結べる（花結びができるか、縦結びになってもよいという判定基準）のは、4歳で61.1％、5歳で88.3％である。この通過率から考えて、4歳半くらいで可能であったと推察できる。したがって、ほどなく正しく結べるようになったと思われる。ところが、現代の子どもはなかなか結べるようにはならないのである。

　難しい結び方はとてもできないとしても、前述したように、幼児期にせめて堅結びと花結びくらいはできるようにしたいものである。

　人間は、簡単・便利・迅速ということを追い求めてきた。この流れを逆流させることはできない。とすれば、弱点は教育的配慮や意識的な訓練によって補強されなければならない。便利さや楽さだけを追わず不便の効用を考えることも、子どもの発達上きわめて重要なことだといえる。

3. 概括

（1）着脱衣行動の意欲の発達

・衣服を一人で脱ごうとする標準年齢は2歳である。
・衣服を一人で着ようとする標準年齢は2歳6ヶ月である。

（2）着脱衣行動の個々の発達

・パンツを自分で脱げるようになる標準年齢は2歳6ヶ月である。

・パンツを自分ではけるようになる標準年齢は3歳6ヶ月である。

・Tシャツを自分で脱げるようになる標準年齢は3歳6ヶ月である。

・Tシャツを自分で着られるようになる標準年齢は3歳6ヶ月である。

・衣服の袖両方とも正しく自分で通せる標準年齢は4歳である。

・前のボタンを自分でかけられる標準年齢は4歳である。

・洋服の前のファスナーを自分でかけられる標準年齢は4歳6ヶ月である。

（3）靴や帽子などの着装行動

・靴を自分ではける標準年齢は2歳6ヶ月である。

・靴下を自分ではける標準年齢は3歳である。

・帽子を自分でかぶれる標準年齢は3歳6ヶ月である。

・袖口のボタンを自分でかけられる動作については幼児期には自立しない。

・靴などのひもを花結びにする動作については幼児期には自立しない。

（4）着脱衣の完全自立

・自分で衣服を脱ぐことのできる標準年齢は4歳である。

・自分で衣服を着ることのできる標準年齢は4歳である。

【引用・参考文献】

(注1) 山下俊郎『幼児の生活指導・保育学講座5』フレーベル館、1972年

(注2) 牛島義友「社会的生活能力検査」『教育心理学研究』第1集92－125頁、厳松堂、1949年

(注3) 山下俊郎　前掲書、1972年

(注4) 山下俊郎　前掲書、1972年

(注5) 山下俊郎　前掲書、1972年

(注6) 谷田貝公昭『直接体験不足症候群の子どもたち』汐文社、1991年

(注7) 牛島義友　前掲論文、1949年

着脱の習慣の自立の標準年齢

年齢	習　　　　慣	
1歳0ヶ月		
1歳6ヶ月		
2歳0ヶ月	ひとりで脱ごうとする	
2歳6ヶ月	ひとりで着ようとする 靴を自分ではける	パンツを自分で脱げる
3歳0ヶ月	靴下を自分ではける	
3歳6ヶ月	Tシャツを自分で脱げる パンツを自分ではける	Tシャツを自分で着られる 帽子を自分でかぶれる
4歳0ヶ月	前ボタンを自分でかけられる 自分で衣服を着ることができる	自分で衣服を脱ぐことができる 衣服の両袖が正しく通せる
4歳6ヶ月	前ファスナーを自分でかけられる	
5歳0ヶ月		
5歳6ヶ月		
6歳0ヶ月		
6歳6ヶ月		
6歳11か月までに自立しない項目	袖口のボタンを自分でかける	靴ひもなどを花結びにする

Ⅵ 清潔の習慣

1. 清潔の習慣とは

　清潔の習慣は、社会的基盤に基づく習慣であり、この習慣が身につくことで社会生活を円滑に過ごすことができる。また、病気の予防にもつながる習慣であるため、健康のためにも重要である。例えば歯を磨かなければ虫歯になるかもしれないし、風呂に入らないと皮膚の炎症を起こすかもしれない。また、そのような状態では、周囲の人はその子を避けるかもしれない。さらに現代においては、子どもが不潔な状態の場合、虐待を疑われる不適切な養育が行われている家庭と考えられる場合もある。近年では子どもの清潔の状態が虐待の一つの指標になっているともいえる。

　戦後の保育現場では、清潔の習慣を意識的に身につける保育を展開していた。その後、日本の復興とともに清潔に対する日本人の意識は一段と進み、子どもの清潔の習慣についての親の意識も高まっていった。そして現代では除菌・抗菌が当たり前で、子どもが手を洗うための石鹸は泡状態で出てくる。ただしこれらは大人の意識の高まりであって、子ども自身の清潔に対する意識が高まり、習慣が身についているとは言い切れない。今回の調査では、子ども自身が、大人に言われなくても行動できる「真の習慣」がどの程度身についているのかを明らかにしていくものである。

２．調査結果

70. いつも自分で手を洗いますか

【図表Ⅵ – 70】いつも自分で手を洗う割合

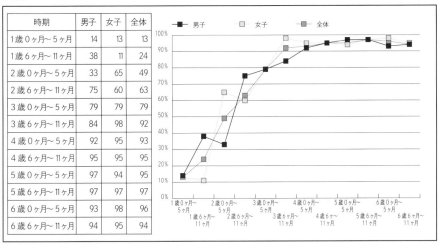

時期	男子	女子	全体
1歳0ヶ月～5ヶ月	14	13	13
1歳6ヶ月～11ヶ月	38	11	24
2歳0ヶ月～5ヶ月	33	65	49
2歳6ヶ月～11ヶ月	75	60	63
3歳0ヶ月～5ヶ月	79	79	79
3歳6ヶ月～11ヶ月	84	98	92
4歳0ヶ月～5ヶ月	92	95	93
4歳6ヶ月～11ヶ月	95	95	95
5歳0ヶ月～5ヶ月	97	94	95
5歳6ヶ月～11ヶ月	97	97	97
6歳0ヶ月～5ヶ月	93	98	96
6歳6ヶ月～11ヶ月	94	95	94

　自分で手が洗えるようになるのは、2歳6ヶ月頃から半数くらいができるようになり、3歳0ヶ月～3歳5ヶ月の年齢段階で79％になり自立する。ゆえに標準年齢は3歳である。その後、3歳6ヶ月以降は90％以上の子どもが自分で手を洗う技術が身についている状況である。このことから、3歳頃には自分で手を洗えるようになるということがわかる。

71. いつも手を洗う時、自分で石鹸を使いますか

　石鹸を使って手を洗う習慣については、手を洗う習慣と同時期の3歳0ヶ月～3歳5ヶ月の年齢段階に89％で自立するため、標準年齢は3歳である。それ以前の年齢では、半数ほどの子どもしか石鹸を使っていないため、3歳頃になって石鹸をきちんと使う技術が身につくと思われる。手を洗う習慣と同時期であることから、手を洗う習慣を身につける際に、最初から石鹸を使

用するように指導していると思われる。近年、子どもが使用する石鹸は固形から泡タイプのものに変化しており、石鹸の扱いが容易になってきている。手の小さい2歳頃の子どもでも、抵抗なく石鹸を使用できるようである。感染症予防の観点からも石鹸での手洗いを推奨していることも、石鹸を使用しての手洗いが定着してきている一因と考えられる。

【図表Ⅵ – 71】いつも手を洗う時に自分で石鹸を使う割合

時期	男子	女子	全体
1歳0ヶ月〜5ヶ月	29	25	27
1歳6ヶ月〜11ヶ月	25	22	24
2歳0ヶ月〜5ヶ月	56	82	69
2歳6ヶ月〜11ヶ月	50	45	46
3歳0ヶ月〜5ヶ月	88	90	89
3歳6ヶ月〜11ヶ月	94	95	93
4歳0ヶ月〜5ヶ月	87	90	88
4歳6ヶ月〜11ヶ月	95	92	93
5歳0ヶ月〜5ヶ月	95	91	93
5歳6ヶ月〜11ヶ月	95	98	96
6歳0ヶ月〜5ヶ月	89	92	90
6歳6ヶ月〜11ヶ月	88	89	89

72. 手が汚れたら、いつも自分から手を洗いますか

【図表Ⅵ – 72】手が汚れたらいつも自分から手を洗う割合

時期	男子	女子	全体
1歳0ヶ月～5ヶ月	0	0	0
1歳6ヶ月～11ヶ月	25	11	18
2歳0ヶ月～5ヶ月	22	53	37
2歳6ヶ月～11ヶ月	50	45	46
3歳0ヶ月～5ヶ月	44	48	46
3歳6ヶ月～11ヶ月	56	77	68
4歳0ヶ月～5ヶ月	69	77	72
4歳6ヶ月～11ヶ月	79	88	84
5歳0ヶ月～5ヶ月	75	93	84
5歳6ヶ月～11ヶ月	74	82	78
6歳0ヶ月～5ヶ月	71	80	76
6歳6ヶ月～11ヶ月	74	76	74

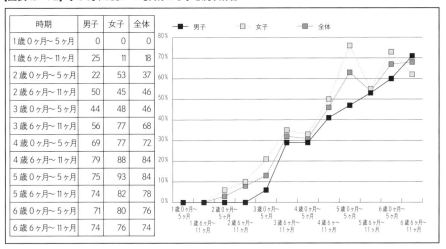

　手を洗う技術に関しては、3歳0ヶ月の段階で約9割の子どもが身につい
ているが、手が汚れた際に自分から手を洗う子どもの割合は、4歳0ヶ月～
4歳5ヶ月の年齢段階で72%、4歳6ヶ月～4歳11ヶ月で84%となる。ゆ
えに標準年齢は4歳6ヶ月である。手の汚れに気付き、自分から手を洗う
という習慣が自立するのは、手を洗う技術が身につく3歳頃から1年遅れ
た4歳頃ということになる。技術が身についても、汚れを落とすために手
を洗うという本来の清潔の意味を理解して習慣になるには、1年ほどの時間
がかかるということであろう。

73. いつも自分で顔を洗いますか

【図表Ⅵ - 73】いつも自分で顔を洗う割合

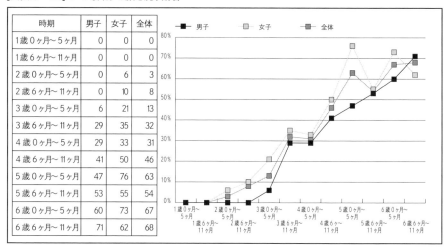

時期	男子	女子	全体
1歳0ヶ月〜5ヶ月	0	0	0
1歳6ヶ月〜11ヶ月	0	0	0
2歳0ヶ月〜5ヶ月	0	6	3
2歳6ヶ月〜11ヶ月	0	10	8
3歳0ヶ月〜5ヶ月	6	21	13
3歳6ヶ月〜11ヶ月	29	35	32
4歳0ヶ月〜5ヶ月	29	33	31
4歳6ヶ月〜11ヶ月	41	50	46
5歳0ヶ月〜5ヶ月	47	76	63
5歳6ヶ月〜11ヶ月	53	55	54
6歳0ヶ月〜5ヶ月	60	73	67
6歳6ヶ月〜11ヶ月	71	62	68

　朝起きたら顔を洗うというのは、清潔の習慣であると同時に社会生活を送るために必要な習慣である。汚れた顔では周囲の人に不快な思いをさせることもあるだろう。何より、朝顔を洗うことで、さっぱりとして目が覚めるというものではないだろうか。顔を洗う技術は、水を両手で掬び、その水を使って顔をこすって汚れを落とす、といった程度なので、幼児でも簡単にできるはずである。しかし今回の調査では、幼児期での自立は見られなかったのである。加齢とともに習慣となっている子どもの割合は増加しているものの、最終年齢段階の6歳6ヶ月〜6歳11ヶ月でも68%である。

74. いわれなくても、いつも自分から顔を洗いますか

【図表Ⅵ – 74】いわれなくてもいつも自分から顔を洗う割合

時期	男子	女子	全体
1歳0ヶ月〜5ヶ月	0	0	0
1歳6ヶ月〜11ヶ月	0	0	0
2歳0ヶ月〜5ヶ月	0	6	3
2歳6ヶ月〜11ヶ月	0	5	4
3歳0ヶ月〜5ヶ月	3	0	2
3歳6ヶ月〜11ヶ月	4	16	11
4歳0ヶ月〜5ヶ月	12	14	13
4歳6ヶ月〜11ヶ月	20	27	24
5歳0ヶ月〜5ヶ月	22	37	30
5歳6ヶ月〜11ヶ月	22	20	21
6歳0ヶ月〜5ヶ月	24	37	31
6歳6ヶ月〜11ヶ月	31	41	34

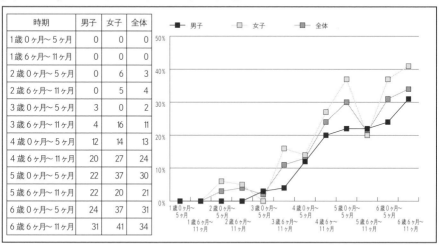

　顔を洗う技術は簡単であるが、自分でいつも洗えるようになるのは小学生以降であることが分かった。大人にいわれなくても顔を洗うことがしっかり習慣化するのは遅くなっており、6歳6ヶ月〜6歳11ヶ月の年齢段階であっても、習慣化しているのはわずか34％しかいないのである。その他の7割近くは朝の顔洗いが習慣になっていないということである。

75. 毎食後、歯を磨きますか（または磨いてもらいますか）

【図表Ⅵ-75】毎食後歯を磨く（磨いてもらう）割合

時期	男子	女子	全体
1歳0ヶ月〜5ヶ月	0	38	20
1歳6ヶ月〜11ヶ月	50	78	65
2歳0ヶ月〜5ヶ月	50	65	57
2歳6ヶ月〜11ヶ月	75	45	50
3歳0ヶ月〜5ヶ月	47	21	35
3歳6ヶ月〜11ヶ月	56	67	62
4歳0ヶ月〜5ヶ月	52	56	55
4歳6ヶ月〜11ヶ月	48	65	57
5歳0ヶ月〜5ヶ月	76	63	69
5歳6ヶ月〜11ヶ月	64	68	66
6歳0ヶ月〜5ヶ月	53	57	55
6歳6ヶ月〜11ヶ月	69	59	66

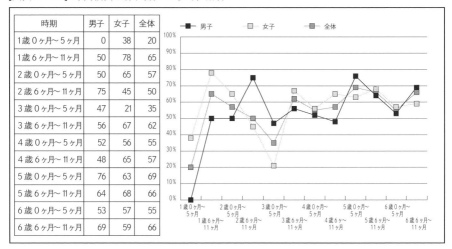

　毎食後の歯磨きの習慣については、歯の本数が増えてくる1歳6ヶ月から急増し60％を超える。この頃は、多くの場合保護者が歯磨きをしていると思われるが、加齢とともに自分で歯磨きをする子どもも増えると思われる。ただ、幼児期のうちに毎食後の歯磨きが自立することは無く、1歳6ヶ月以降はどの年齢でも50〜60％台に留まっている。幼稚園・保育所のような保育施設では、昼食後に歯磨きをする場合も多いだろう。しかし、朝食後、夕食後については家庭での習慣になる。つまり、4〜5割の家庭では、食後の歯磨き習慣が定着していないということが推測できる。小学校では、昼食後の歯磨き時間が設けられていることは少ないため、毎食後の歯磨き習慣が自立することは、この後もあまり期待できないと考えられるのである。

76. いつも自分で歯を磨きますか

【図表Ⅵ–76】いつも自分で歯を磨く割合

時期	男子	女子	全体
1歳0ヶ月〜5ヶ月	0	50	27
1歳6ヶ月〜11ヶ月	38	33	35
2歳0ヶ月〜5ヶ月	39	59	49
2歳6ヶ月〜11ヶ月	50	50	50
3歳0ヶ月〜5ヶ月	53	66	59
3歳6ヶ月〜11ヶ月	49	68	60
4歳0ヶ月〜5ヶ月	47	73	59
4歳6ヶ月〜11ヶ月	68	75	71
5歳0ヶ月〜5ヶ月	64	81	74
5歳6ヶ月〜11ヶ月	77	79	78
6歳0ヶ月〜5ヶ月	87	84	85
6歳6ヶ月〜11ヶ月	75	76	75

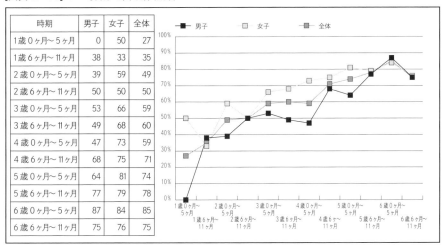

　歯磨きは、初めの頃は子ども一人ではうまく磨けないため保護者が仕上げ磨きなどを行う。この設問は、自分だけで歯を磨くことができるようになる年齢を問うているが、結果を見ると4歳6ヶ月〜4歳11ヶ月の年齢段階で71%となり自立し、5歳0ヶ月〜5歳5ヶ月で74%となる。ゆえに標準年齢は5歳といえる。その後加齢とともに漸増するが、幼児期のうちは仕上げ磨きをする場合も多いと思われるため、自分だけで磨く子どもが9割を超えることは無い。虫歯を作りたくない、という親心の表れともいえるだろう。全体的に女児の成績が男児よりも良い傾向にある。

77. いわれなくても、いつも自分から歯磨きをしますか

【図表Ⅵ‑77】いわれなくてもいつも自分から歯を磨く割合

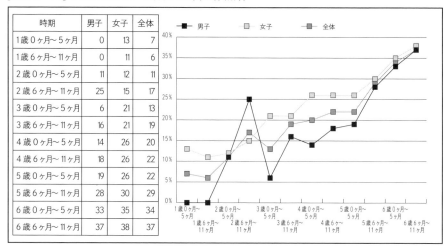

時期	男子	女子	全体
1歳0ヶ月～5ヶ月	0	13	7
1歳6ヶ月～11ヶ月	0	11	6
2歳0ヶ月～5ヶ月	11	12	11
2歳6ヶ月～11ヶ月	25	15	17
3歳0ヶ月～5ヶ月	6	21	13
3歳6ヶ月～11ヶ月	16	21	19
4歳0ヶ月～5ヶ月	14	26	20
4歳6ヶ月～11ヶ月	18	26	22
5歳0ヶ月～5ヶ月	19	26	22
5歳6ヶ月～11ヶ月	28	30	29
6歳0ヶ月～5ヶ月	33	35	34
6歳6ヶ月～11ヶ月	37	38	37

　歯磨きをする技術は4歳6ヶ月頃に身につく。毎食後の歯磨きも歯が生えて以来、半数以上が行っていることが前の設問から明らかになっているが、いわれなくても自分から行うという真の習慣については非常に値が低い。最も高い年齢の6歳6ヶ月～6歳11ヶ月でも、37％と4割に満たない。食後に歯を磨かないと気持ちが悪い、という感覚を持つのは、幼児期には難しいのであろうか。虫歯予防のための様々な働きかけがあり、保護者の意識も高いが、子ども自身が身につけるのは難しい習慣であるといえる。

78. 外から帰った時、いつも手を洗いますか（または洗ってもらいますか）

　外から帰ったときの手洗いの習慣は、早い時期から自立している。歩行がしっかりして外で自由に遊ぶようになる1歳6ヶ月～1歳11ヶ月の時期には82％という高い数値に達するのである。ゆえに標準年齢は1歳6ヶ月である。その後も高い数値のままで、3歳を超える頃には9割を超える。つまり、外から帰ったら手を洗うことは、きちんと習慣になっていることが

よくわかる。感染症予防などにも手洗いが有効であることがわかっており、保護者も保育者も手洗いを丁寧に指導しているということであろう。

【図表Ⅵ–78】帰宅時いつも手を洗う（洗ってもらう）割合

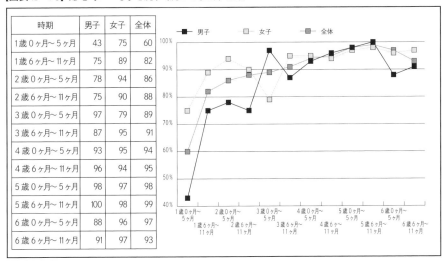

時期	男子	女子	全体
1歳0ヶ月〜5ヶ月	43	75	60
1歳6ヶ月〜11ヶ月	75	89	82
2歳0ヶ月〜5ヶ月	78	94	86
2歳6ヶ月〜11ヶ月	75	90	88
3歳0ヶ月〜5ヶ月	97	79	89
3歳6ヶ月〜11ヶ月	87	95	91
4歳0ヶ月〜5ヶ月	93	95	94
4歳6ヶ月〜11ヶ月	96	94	95
5歳0ヶ月〜5ヶ月	98	97	98
5歳6ヶ月〜11ヶ月	100	98	99
6歳0ヶ月〜5ヶ月	88	96	97
6歳6ヶ月〜11ヶ月	91	97	93

79. 食事やおやつの前に、いつも手を洗いますか（または洗ってもらいますか）

【図表Ⅵ–79】食事（おやつ）前にいつも手を洗う（洗ってもらう）割合

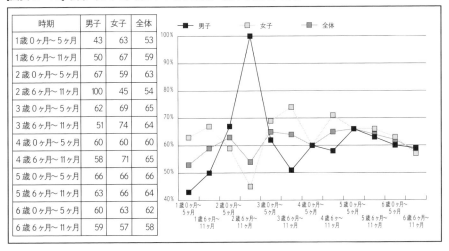

時期	男子	女子	全体
1歳0ヶ月〜5ヶ月	43	63	53
1歳6ヶ月〜11ヶ月	50	67	59
2歳0ヶ月〜5ヶ月	67	59	63
2歳6ヶ月〜11ヶ月	100	45	54
3歳0ヶ月〜5ヶ月	62	69	65
3歳6ヶ月〜11ヶ月	51	74	64
4歳0ヶ月〜5ヶ月	60	60	60
4歳6ヶ月〜11ヶ月	58	71	65
5歳0ヶ月〜5ヶ月	66	66	66
5歳6ヶ月〜11ヶ月	63	66	64
6歳0ヶ月〜5ヶ月	60	63	62
6歳6ヶ月〜11ヶ月	59	57	58

食事前の手洗いに関する習慣については、食後の歯磨きと同じような数値となっている。幼児期の間の自立は見られない。1歳0ヶ月〜1歳5ヶ月の年齢段階から50％以上の子どもの習慣となっているものの、その後も大きな増加は見られず、年齢に関係なく60％台のままである。これは、4割程度の家庭では食事前の手洗いが習慣になっていないことを示していると考えられる。

80. 外から帰った時、いつも自分でうがいをしますか

【図表Ⅵ - 80】帰宅時いつも自分でうがいをする割合

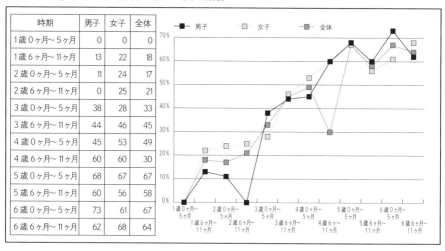

時期	男子	女子	全体
1歳0ヶ月〜5ヶ月	0	0	0
1歳6ヶ月〜11ヶ月	13	22	18
2歳0ヶ月〜5ヶ月	11	24	17
2歳6ヶ月〜11ヶ月	0	25	21
3歳0ヶ月〜5ヶ月	38	28	33
3歳6ヶ月〜11ヶ月	44	46	45
4歳0ヶ月〜5ヶ月	45	53	49
4歳6ヶ月〜11ヶ月	60	60	30
5歳0ヶ月〜5ヶ月	68	67	67
5歳6ヶ月〜11ヶ月	60	56	67
6歳0ヶ月〜5ヶ月	73	61	67
6歳6ヶ月〜11ヶ月	62	68	64

外から帰ったときのうがいの習慣に関しても、幼児期での自立は見られない。うがいは、口腔内の洗浄のためのブクブクうがいもあるが、この場合は喉をきれいにするためのガラガラうがいを指している。ガラガラうがいの技術は、谷田貝ら調査(注1)で2歳6ヶ月に自立するという結果が出ているが、自分でやろうとする真の習慣については、今回調査で分かるように自立しないということである。ただ、加齢とともに漸増傾向が見られるので、小学校入学後に自立する可能性はあるだろう。

81. いつも自分で髪をとかしますか

【図表Ⅵ - 81】いつも自分で髪をとかす割合

時期	男子	女子	全体
1歳0ヶ月〜5ヶ月	0	0	0
1歳6ヶ月〜11ヶ月	0	0	0
2歳0ヶ月〜5ヶ月	0	0	0
2歳6ヶ月〜11ヶ月	0	5	4
3歳0ヶ月〜5ヶ月	3	3	3
3歳6ヶ月〜11ヶ月	4	21	14
4歳0ヶ月〜5ヶ月	11	15	13
4歳6ヶ月〜11ヶ月	5	24	15
5歳0ヶ月〜5ヶ月	10	20	16
5歳6ヶ月〜11ヶ月	16	34	25
6歳0ヶ月〜5ヶ月	16	35	26
6歳6ヶ月〜11ヶ月	7	27	14

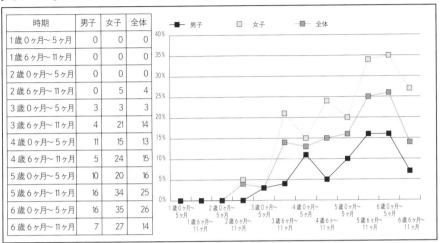

　髪をとかすタイミングとして多いのは、朝の身支度の時ではないだろうか。子どもが小さいときは保護者が身支度を手伝うため、自分で髪をとかすことは少ないかもしれないが、小学校入学時には自分ですべての身支度ができるのが望ましい。しかし今回の調査では、最高値が6歳0ヶ月〜6歳5ヶ月での26％であった。髪をとかす技術については、2003年の谷田貝ら調査[注1]において5歳0ヶ月で自立しており、小学校入学時にはほぼ100％の子どもが身につけているとされている。今回の調査のような真の習慣については、自立には程遠いという姿が浮き彫りとなった。中には短髪のためとかす必要がない子もいるだろうし、保護者が髪を結ぶ場合もあるだろう。それを考慮したとしても、かなり低い数値ではないだろうか。

82. 鼻水が出たとき、いつも自分で鼻をかみますか

【図表Ⅵ - 82】いつも自分で鼻をかむ割合

時期	男子	女子	全体
1歳0ヶ月～5ヶ月	0	0	0
1歳6ヶ月～11ヶ月	0	22	12
2歳0ヶ月～5ヶ月	17	35	26
2歳6ヶ月～11ヶ月	0	25	21
3歳0ヶ月～5ヶ月	35	34	35
3歳6ヶ月～11ヶ月	38	51	45
4歳0ヶ月～5ヶ月	47	59	53
4歳6ヶ月～11ヶ月	61	77	70
5歳0ヶ月～5ヶ月	64	81	74
5歳6ヶ月～11ヶ月	66	85	75
6歳0ヶ月～5ヶ月	78	86	82
6歳6ヶ月～11ヶ月	85	95	89

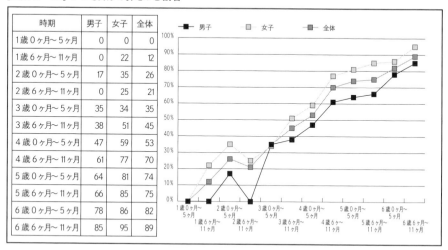

　鼻水が出たことに気付き、自分でかむ習慣は4歳6ヶ月～4歳11ヶ月の年齢段階で70％、5歳0ヶ月～5歳5ヶ月の年齢段階で74％であることから、標準年齢は5歳といえる。2003年谷田貝ら調査^(注1)では、鼻をかむことが技術的に出来るようになる自立年齢は4歳0ヶ月としているので、技術が身についた6ヶ月後に、いつも自分で鼻をかむという行動が真に習慣となるということであろう。この習慣には男女差が見られ、女児は4歳6ヶ月～4歳11ヶ月に77％に達するが、男児は6歳0ヶ月～6歳5ヶ月にやっと78％となり7割を超える。女児に比べ男児は1年6ヶ月遅れているのである。しかし、小学校入学頃には男児も85％となり、差は減少する。

83. ほぼ毎日風呂（またはシャワー）に入りますか

【図表Ⅵ-83】毎日風呂（シャワー）に入る割合

時期	男子	女子	全体
1歳0ヶ月〜5ヶ月	71	88	80
1歳6ヶ月〜11ヶ月	100	100	100
2歳0ヶ月〜5ヶ月	100	94	97
2歳6ヶ月〜11ヶ月	100	100	100
3歳0ヶ月〜5ヶ月	100	100	100
3歳6ヶ月〜11ヶ月	100	100	100
4歳0ヶ月〜5ヶ月	94	99	96
4歳6ヶ月〜11ヶ月	99	96	98
5歳0ヶ月〜5ヶ月	97	96	96
5歳6ヶ月〜11ヶ月	98	96	97
6歳0ヶ月〜5ヶ月	98	98	98
6歳6ヶ月〜11ヶ月	100	97	99

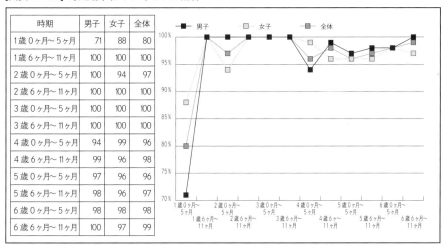

　毎日入浴する習慣については、かなり高い割合で1歳0ヶ月〜1歳5ヶ月の年齢段階から自立している。どの年齢段階でもほぼ100％近い割合である。ゆえに毎日の入浴習慣が身につく標準年齢は1歳である。昨今は多くの家庭に風呂やシャワーがあることも影響していると思われるが、ほとんどの子どもが毎日入浴している。

84. いつも自分で体を洗いますか

　入浴時に自分で体を洗うことは、6歳6ヶ月〜6歳11ヶ月の年齢段階で76％となり自立するので、標準年齢は6歳6ヶ月である。男女差も見られない。自分で体を洗う習慣は加齢とともに増加し、5割を超えるのは5歳0ヶ月〜5歳5ヶ月である。つまり、5歳頃に半数が、小学校入学頃には7割以上が自分の体を洗えるようになるということである。

【図表Ⅵ – 84】いつも自分で体を洗う割合

時期	男子	女子	全体
1歳0ヶ月～5ヶ月	14	0	7
1歳6ヶ月～11ヶ月	13	0	6
2歳0ヶ月～5ヶ月	17	29	23
2歳6ヶ月～11ヶ月	0	30	25
3歳0ヶ月～5ヶ月	24	28	25
3歳6ヶ月～11ヶ月	24	39	32
4歳0ヶ月～5ヶ月	42	48	45
4歳6ヶ月～11ヶ月	40	39	40
5歳0ヶ月～5ヶ月	53	49	50
5歳6ヶ月～11ヶ月	64	57	61
6歳0ヶ月～5ヶ月	67	67	67
6歳6ヶ月～11ヶ月	74	81	76

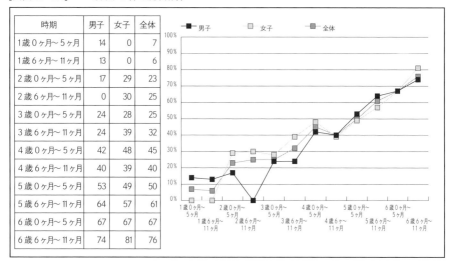

85. いつも自分で髪を洗いますか

【図表Ⅵ – 85】いつも自分で髪を洗う割合

時期	男子	女子	全体
1歳0ヶ月～5ヶ月	0	0	0
1歳6ヶ月～11ヶ月	0	0	0
2歳0ヶ月～5ヶ月	6	24	14
2歳6ヶ月～11ヶ月	25	5	8
3歳0ヶ月～5ヶ月	9	17	13
3歳6ヶ月～11ヶ月	16	26	22
4歳0ヶ月～5ヶ月	28	30	29
4歳6ヶ月～11ヶ月	29	23	26
5歳0ヶ月～5ヶ月	36	21	28
5歳6ヶ月～11ヶ月	56	39	48
6歳0ヶ月～5ヶ月	64	47	55
6歳6ヶ月～11ヶ月	60	49	56

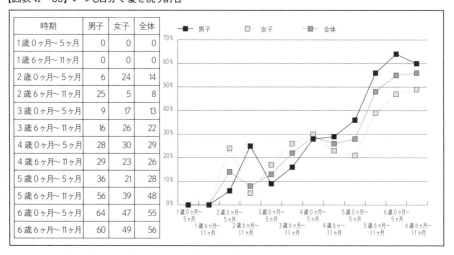

　自分で髪を洗う習慣は、幼児期での自立は見られない。5割を超えるのは6歳過ぎてからであるが、その後も6割を超えることは無い。髪を洗うこと

は子どもにとって体を洗うより難しいことである。というのも、髪を洗う際には必ず顔に水がかかり、シャンプーが目に染みることもあるため自分で洗うことを嫌がる子どもが多いのである。体を洗うよりも成績が悪いのは、そのようなことが影響していると考えられる。また、髪の長さによっても難しさが違うため、髪の長い子は自分で洗えるようになるのが遅くなると想像できる。ただし加齢とともに増加傾向ではあるため、1〜2年内には自立するのではないかと思われる。

86. いつも自分だけで風呂（またはシャワー）に入りますか

【図表Ⅵ-86】いつも自分だけで風呂（シャワー）に入る割合

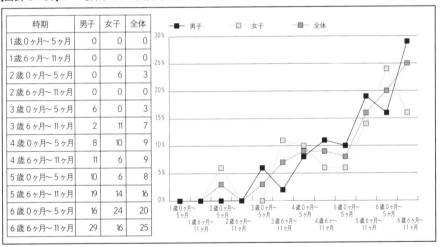

時期	男子	女子	全体
1歳0ヶ月〜5ヶ月	0	0	0
1歳6ヶ月〜11ヶ月	0	0	0
2歳0ヶ月〜5ヶ月	0	6	3
2歳6ヶ月〜11ヶ月	0	0	0
3歳0ヶ月〜5ヶ月	6	0	3
3歳6ヶ月〜11ヶ月	2	11	7
4歳0ヶ月〜5ヶ月	8	10	9
4歳6ヶ月〜11ヶ月	11	6	9
5歳0ヶ月〜5ヶ月	10	6	8
5歳6ヶ月〜11ヶ月	19	14	16
6歳0ヶ月〜5ヶ月	16	24	20
6歳6ヶ月〜11ヶ月	29	16	25

　子どもが自分だけでお風呂に入る習慣については、幼児期の段階ではかなり低い数値であり、自立には程遠い状況である。最高年齢の6歳6ヶ月〜6歳11ヶ月の年齢段階でも25％しかおらず、幼児の4分の3は一人でお風呂に入っていないということである。入浴はややもすると危険を伴う場合があるため、子どもだけの入浴を避ける保護者も多いだろう。また、自分で髪を洗う習慣も幼児期に自立しないため、大人が一緒に入浴せざるを得ないということなのであろう。

３．清潔の習慣の問題点

（１）自分から行う「真の習慣」となっていない

　日本は清潔志向の強い国で、除菌、抗菌に関する商品も多くある。子育て中の親も、子どもの手を拭くためのウエットティッシュなどを常備しており、汚れることに対して過剰なほど気を使っている実態がある。しかしながら、清潔の習慣に関しては子ども自身の習慣となっていない状況がうかがえる。

　今回の調査では、歯磨き、洗顔についてその兆候が見られた。歯磨きに関しては、４歳６ヶ月頃から自分で磨ける技術が備わってくることが分かったが、これは誰かに磨くように声をかけられた場合である。しかし、いわれなくても自分から歯磨きをいつもやるという真の習慣が身についている子どもは、最高年齢段階の６歳６ヶ月〜６歳11ヶ月でもわずか37％である。いわれなければやらない、という子どもが６割以上いるのである。

　洗顔については、技術についても幼児期では自立しないのであるが、それでも６歳６ヶ月〜６歳11ヶ月の年齢段階で68％となっており、小学校入学時には顔を洗う技術は多くの子どもに備わっていると考えられる。しかし、いわれなくても顔を洗うという真の習慣が身についているのは、６歳６ヶ月〜６歳11ヶ月の年齢段階でも34％しかいないのである。６割以上の子どもは、誰かにいわれなければ顔を洗わないのである。

　朝、目が覚めると顔を洗い、歯を磨いて身づくろいをすることが習慣になっていれば、顔を洗わなければ気持ちが悪いはずであるが、そのような状態には至っていないということであろう。真の習慣が身につく年齢を確認するには、小学生を対象に含めた調査を実施しなければならないだろう。

（2）自分の体に対する意識の低下

　今回の調査で、毎日の入浴習慣についてはどの年齢でも9割以上という高い割合であった。どの家庭にも浴室があり、毎日の入浴が当たり前の時代となっていることがわかる。自分で体を洗うようになるのは6歳6ヶ月と遅く、それまでは保護者などが体を洗ってやっているものと思われる。体が小さいうちは思うように手が届かず、きちんと洗えないのは当たり前であるが、4〜5歳頃になれば体を洗う動作はさほど難しいとは思えない。しかしながら多くの子どもは自分の体を自分で洗っていない。つまり、自分の体を意識する機会が少ないということであろう。自分で体を洗うことで、どこが汚れやすいのか、どこに汚れがついているのか、といったことがわかるし、何より自分の体を意識する機会になるはずである。

　さらに、髪をとかす習慣については、幼児期には自立しない。6歳過ぎても自分の髪を自分でとかす子どもはわずか2割台である。家を出る前に身なりを整えるために髪をとかす、という習慣がない子どもが8割近くいるということである。自分の体に対する意識が低いと感じるのである。

　清潔の習慣は汚れを落とすことだけではない。社会生活に適応するため、そして周囲に不快感を与えないために、身なりを整えることは大事なことであろう。保護者がすべてやってやるのか、起きたままの髪で家を出ているのか、今回の調査では明確にはなっていないが、子ども自身が自分の身なりを気にしていないということはいえるのではないだろうか。

4．概括

・自分で手を洗えるようになる標準年齢は3歳、石鹸を使って手を洗えるようになる標準年齢も3歳である。
・汚れた手を自分から洗うようになる標準年齢は4歳6ヶ月である。
・自分で顔を洗う習慣は幼児期には自立しない。

- いわれなくても自分から顔を洗う子どもは、6歳6ヶ月を過ぎても3割程度である。
- 毎食後の歯磨きは幼児期には自立しない。
- 自分で歯磨きができるようになる標準年齢は5歳である。
- いわれなくても歯磨きをする子どもは、6歳6ヶ月を過ぎても3割程度である。
- 外から帰った時に、手を洗うことが習慣になる標準年齢は1歳6ヶ月であるが、うがいの習慣は幼児期には自立しない。
- 食事前の手洗いの習慣は幼児期には自立しない。
- 自分で髪をとかす子どもは、6歳6ヶ月を過ぎても2割程度である。
- 鼻水を自分でかむようになる標準年齢は5歳である。
- 毎日風呂に入る習慣は、1歳頃から高い割合で自立している。
- 自分で体を洗えるようになる標準年齢は、6歳6ヶ月だが、自分での洗髪は幼児期には自立しない。
- 自分で入浴できる子は、6歳6ヶ月を過ぎても3割に満たない。

【引用・参考文献】
(注1) 谷田貝公昭・髙橋弥生『第3版　データでみる　幼児の基本的生活習慣』一藝社、2016年

清潔の習慣の自立の標準年齢

年齢	習　　　　　慣
1歳0ヶ月	毎日風呂に入る
1歳6ヶ月	外から帰ったら手を洗う
2歳0ヶ月	
2歳6ヶ月	
3歳0ヶ月	自分で手を洗う　　　　　　　　　　　石鹸を使って手を洗う
3歳6ヶ月	
4歳0ヶ月	
4歳6ヶ月	汚れた手を自分から洗う
5歳0ヶ月	いつも自分で歯磨きをする　　　　　いつも自分で鼻水をかむ
5歳6ヶ月	
6歳0ヶ月	
6歳6ヶ月	自分で体を洗う
6歳11か月までに自立しない項目	いわれなくても自分から顔を洗う　　　　毎食後の歯磨き いわれなくても歯を磨く　食事前の手洗い　外から帰ってうがいをする 自分で髪をとかす　　一人で風呂に入る　　　　自分で洗髪をする

基本的生活習慣の自立の標準年齢

年齢	食事の習慣	睡眠の習慣	排泄の習慣
1歳0ヶ月	自分から食べようとする コップやスプーンを使いたがる コップで自分でのむ いただきますをいう 好き嫌いがある	パジャマに着替えて寝る 無灯で寝る	
6ヶ月			
2歳0ヶ月	コップでこぼさず飲める スプーンで自分で食べる ごちそうさまをいう		
2歳6ヶ月	箸のわしづかみがなくなる		
3歳0ヶ月			付き添えば小便が自分でできる
3歳6ヶ月	箸を使いたがる		日中のおむつの終了 付き添えば大便が自分でできる 自分で小便ができる
4歳0ヶ月		自分でパジャマに着替える	自分で大便ができる 就寝前にトイレに行く
4歳6ヶ月	スプーンやフォークで こぼさず食べる	昼寝が不要となる	夢中粗相の消失
5歳0ヶ月	いつも箸を使う	「おやみなさい」の挨拶をする	夜間のおむつの終了 排泄後紙で拭ける
5歳6ヶ月	最後まで一人で食事ができる		
6歳0ヶ月			
6歳6ヶ月	箸でこぼさずに食べられる 箸を正しく持てる		就寝前自分からトイレに行く
6歳11ヶ月までに自立しない項目	箸やスプーンと茶碗を両手で持って食べる	添い寝が不要になる 「おはようございます」の挨拶をする	和式トイレ・洋式トイレのどちらも自分で使える

清潔の習慣	着脱衣の習慣
毎日風呂に入る	
外から帰ったら手を洗う	
	ひとりで脱ごうとする
	ひとりで着ようとする パンツを自分で脱げる 靴を自分ではける
自分で手を洗う 石鹸を使って手を洗う	パンツを自分ではける 靴下を自分ではける
	Tシャツを自分で脱げる Tシャツを自分で着られる 衣服の両袖が正しく通せる 帽子を自分でかぶれる
	前ボタンを自分でかけられる 自分で衣服を脱ぐことができる 自分で衣服を着ることができる
汚れた手を自分から洗う	前ファスナーを自分ではめられる
いつも自分で歯磨きをする いつも自分で鼻水を拭く	
自分で体を洗う	
いわれなくても自分から顔を洗う 毎食後の歯磨き いわれなくても歯を磨く 食事前の手洗い 外から帰ってうがいをする 自分で髪をとかす 一人で風呂に入る 自分で洗髪をする	袖口のボタンを自分でかける 靴ひもなどを花結びにする

付　録

山下調査の結果〈抜粋〉

食　事

おまじり（離乳食）の始期

年齢	%
0ヶ月〜2ヶ月	0.25
3ヶ月〜5ヶ月	4.00
6ヶ月〜8ヶ月	23.00
9ヶ月〜11ヶ月	48.50
1歳〜1歳2ヶ月	15.50
1歳〜1歳5ヶ月	5.50
1歳6ヶ月〜1歳8ヶ月	1.00
1歳9ヶ月〜1歳11ヶ月	1.25
2歳〜2歳5ヶ月	0.25
2歳6ヶ月〜2歳11ヶ月	0.25
3歳〜4歳	0.50

こぼさないように飲むことの発達

年齢	%
6ヶ月〜11ヶ月	0
1歳〜1歳5ヶ月	26.67
1歳6ヶ月〜1歳11ヶ月	60.00
2歳〜2歳5ヶ月	69.44
2歳6ヶ月〜2歳11ヶ月	83.72
3歳〜3歳5ヶ月	81.08
3歳6ヶ月〜3歳11ヶ月	93.75
4歳〜4歳5ヶ月	95.24
4歳6ヶ月〜4歳11ヶ月	100.00
5歳〜5歳5ヶ月	100.00
5歳6ヶ月〜5歳11ヶ月	100.00
6歳〜6歳5ヶ月	100.00
6歳6ヶ月〜6歳11ヶ月	100.00
7歳〜8歳	100.00

自分で茶碗を持って飲むことの発達

年齢	%
6ヶ月〜11ヶ月	25.00
1歳〜1歳5ヶ月	50.00
1歳6ヶ月〜1歳11ヶ月	91.67
2歳〜2歳5ヶ月	91.67
2歳6ヶ月〜2歳11ヶ月	97.72
3歳〜3歳5ヶ月	100.00
3歳6ヶ月〜3歳11ヶ月	100.00
4歳〜4歳5ヶ月	100.00
4歳6ヶ月〜4歳11ヶ月	100.00
5歳〜5歳5ヶ月	100.00
5歳6ヶ月〜5歳11ヶ月	100.00
6歳〜6歳5ヶ月	100.00
6歳6ヶ月〜6歳11ヶ月	100.00
7歳〜8歳	100.00

さじの使用の発達

年齢	%
6ヶ月〜11ヶ月	0
1歳〜1歳5ヶ月	33.33
1歳6ヶ月〜1歳11ヶ月	75.00
2歳〜2歳5ヶ月	91.18
2歳6ヶ月〜2歳11ヶ月	100.00
3歳〜3歳5ヶ月	100.00
3歳6ヶ月〜3歳11ヶ月	100.00
4歳〜4歳5ヶ月	100.00
4歳6ヶ月〜4歳11ヶ月	100.00
5歳〜5歳5ヶ月	100.00
5歳6ヶ月〜5歳11ヶ月	100.00
6歳〜6歳5ヶ月	100.00
6歳6ヶ月〜6歳11ヶ月	100.00
7歳〜8歳	100.00

さじと茶碗を両手に持つことの発達

年齢	%
6ヶ月〜11ヶ月	0
1歳〜1歳5ヶ月	8.33
1歳6ヶ月〜1歳11ヶ月	39.37
2歳〜2歳5ヶ月	69.44
2歳6ヶ月〜2歳11ヶ月	83.72
3歳〜3歳5ヶ月	87.5
3歳6ヶ月〜3歳11ヶ月	88.89
4歳〜4歳5ヶ月	92.5
4歳6ヶ月〜4歳11ヶ月	94.87
5歳〜5歳5ヶ月	97.67
5歳6ヶ月〜5歳11ヶ月	100
6歳〜6歳5ヶ月	100
6歳6ヶ月〜6歳11ヶ月	100
7歳〜8歳	100

箸の使用の発達

年齢	%
6ヶ月〜11ヶ月	0.00
1歳〜1歳5ヶ月	7.14
1歳6ヶ月〜1歳11ヶ月	30.00
2歳〜2歳5ヶ月	69.44
2歳6ヶ月〜2歳11ヶ月	68.18
3歳〜3歳5ヶ月	81.08
3歳6ヶ月〜3歳11ヶ月	87.76
4歳〜4歳5ヶ月	90.91
4歳6ヶ月〜4歳11ヶ月	95.35
5歳〜5歳5ヶ月	96.49
5歳6ヶ月〜5歳11ヶ月	98.83
6歳〜6歳5ヶ月	100.00
6歳6ヶ月〜6歳11ヶ月	100.00
7歳〜8歳	100.00

箸の正しい持ち方の発達

年齢	%
6ヶ月〜11ヶ月	—
1歳〜1歳5ヶ月	100.00
1歳6ヶ月〜1歳11ヶ月	57.14
2歳〜2歳5ヶ月	55.00
2歳6ヶ月〜2歳11ヶ月	48.28
3歳〜3歳5ヶ月	70.00
3歳6ヶ月〜3歳11ヶ月	80.00
4歳〜4歳5ヶ月	78.38
4歳6ヶ月〜4歳11ヶ月	82.93
5歳〜5歳5ヶ月	83.67
5歳6ヶ月〜5歳11ヶ月	92.86
6歳〜6歳5ヶ月	86.57
6歳6ヶ月〜6歳11ヶ月	92.59
7歳〜8歳	100.00

大体こぼさないでたべることの発達

年齢	%
6ヶ月〜11ヶ月	0
1歳〜1歳5ヶ月	10.00
1歳6ヶ月〜1歳11ヶ月	33.33
2歳〜2歳5ヶ月	33.33
2歳6ヶ月〜2歳11ヶ月	57.89
3歳〜3歳5ヶ月	77.78
3歳6ヶ月〜3歳11ヶ月	78.26
4歳〜4歳5ヶ月	82.05
4歳6ヶ月〜4歳11ヶ月	95.12
5歳〜5歳5ヶ月	86.79
5歳6ヶ月〜5歳11ヶ月	95.08
6歳〜6歳5ヶ月	95.77
6歳6ヶ月〜6歳11ヶ月	96.43
7歳〜8歳	100.00

箸と茶碗とを両手に持つことの発達

年齢	%
6ヶ月〜11ヶ月	0
1歳〜1歳5ヶ月	10.00
1歳6ヶ月〜1歳11ヶ月	33.33
2歳〜2歳5ヶ月	64.52
2歳6ヶ月〜2歳11ヶ月	81.08
3歳〜3歳5ヶ月	85.29
3歳6ヶ月〜3歳11ヶ月	85.11
4歳〜4歳5ヶ月	92.68
4歳6ヶ月〜4歳11ヶ月	95.12
5歳〜5歳5ヶ月	96.43
5歳6ヶ月〜5歳11ヶ月	94.83
6歳〜6歳5ヶ月	98.55
6歳6ヶ月〜6歳11ヶ月	96.67
7歳〜8歳	100.00

ひとりで御飯をたべられることの発達

年齢	%
6ヶ月〜11ヶ月	0
1歳〜1歳5ヶ月	0
1歳6ヶ月〜1歳11ヶ月	34.48
2歳〜2歳5ヶ月	64.29
2歳6ヶ月〜2歳11ヶ月	63.16
3歳〜3歳5ヶ月	64.52
3歳6ヶ月〜3歳11ヶ月	80.95
4歳〜4歳5ヶ月	86.84
4歳6ヶ月〜4歳11ヶ月	91.43
5歳〜5歳5ヶ月	83.33
5歳6ヶ月〜5歳11ヶ月	98.00
6歳〜6歳5ヶ月	100.00
6歳6ヶ月〜6歳11ヶ月	100.00
7歳〜8歳	100.00

食事の前後の挨拶

年齢	%
6ヶ月〜11ヶ月	0
1歳〜1歳5ヶ月	20.00
1歳6ヶ月〜1歳11ヶ月	50.00
2歳〜2歳5ヶ月	50.00
2歳6ヶ月〜2歳11ヶ月	66.67
3歳〜3歳5ヶ月	75.68
3歳6ヶ月〜3歳11ヶ月	77.08
4歳〜4歳5ヶ月	80.49
4歳6ヶ月〜4歳11ヶ月	90.20
5歳〜5歳5ヶ月	89.47
5歳6ヶ月〜5歳11ヶ月	91.53
6歳〜6歳5ヶ月	91.55
6歳6ヶ月〜6歳11ヶ月	83.33
7歳〜8歳	100.00

食事の所要時間 (単位分)

年齢	分
6ヶ月〜11ヶ月	18.3
1歳〜1歳5ヶ月	18.6
1歳6ヶ月〜1歳11ヶ月	20.5
2歳〜2歳5ヶ月	17.9
2歳6ヶ月〜2歳11ヶ月	21.6
3歳〜3歳5ヶ月	20.8
3歳6ヶ月〜3歳11ヶ月	21.8
4歳〜4歳5ヶ月	20.9
4歳6ヶ月〜4歳11ヶ月	19.9
5歳〜5歳5ヶ月	22.0
5歳6ヶ月〜5歳11ヶ月	19.7
6歳〜6歳5ヶ月	17.3
6歳6ヶ月〜6歳11ヶ月	18.8
7歳〜8歳	15.0

食物の好悪の発生期

年齢	％
6ヶ月〜11ヶ月	10.00
1歳〜1歳5ヶ月	18.89
1歳6ヶ月〜1歳11ヶ月	13.33
2歳〜2歳5ヶ月	18.89
2歳6ヶ月〜2歳11ヶ月	11.11
3歳〜3歳11ヶ月	17.78
4歳〜4歳11ヶ月	6.67
5歳〜5歳11ヶ月	3.33

間食の時間の一定しているものの率

年齢	真の一定（％）	形式的一定（％）
6ヶ月〜11ヶ月	50.00	83.33
1歳〜1歳5ヶ月	15.38	53.85
1歳6ヶ月〜1歳11ヶ月	21.21	36.36
2歳〜2歳5ヶ月	21.88	25.00
2歳6ヶ月〜2歳11ヶ月	17.07	46.34
3歳〜3歳5ヶ月	25.00	37.50
3歳6ヶ月〜3歳11ヶ月	22.00	56.00
4歳〜4歳5ヶ月	18.42	47.37
4歳6ヶ月〜4歳11ヶ月	21.43	47.62
5歳〜5歳5ヶ月	25.42	57.63
5歳6ヶ月〜5歳11ヶ月	20.97	61.29
6歳〜6歳5ヶ月	21.62	47.30
6歳6ヶ月〜6歳11ヶ月	16.67	70.00
7歳〜8歳	60.00	80.00

睡　眠

添い寝の年齢的減少

年齢	％
6ヶ月〜11ヶ月	83.33
1歳〜1歳5ヶ月	87.50
1歳6ヶ月〜1歳11ヶ月	86.11
2歳〜2歳5ヶ月	58.82
2歳6ヶ月〜2歳11ヶ月	63.41
3歳〜3歳5ヶ月	40.63
3歳6ヶ月〜3歳11ヶ月	46.81
4歳〜4歳5ヶ月	23.68
4歳6ヶ月〜4歳11ヶ月	25.00
5歳〜5歳5ヶ月	21.05
5歳6ヶ月〜5歳11ヶ月	25.00
6歳〜6歳5ヶ月	10.96
6歳6ヶ月〜6歳11ヶ月	6.67
7歳〜8歳	0

夜の平均睡眠時間（単位：時間）

年齢	時間
〜1歳	11.29
〜2歳	10.89
〜3歳	10.92
〜4歳	10.97
〜5歳	10.86
〜6歳	10.91
〜7歳	10.81
〜8歳	10.50

昼寝時間（単位：時間）

年齢	時間
〜1歳	1:45
〜2歳	1:26
〜3歳	0:45
〜4歳	0:20
〜5歳	0:01
〜6歳	—
〜7歳	—
〜8歳	—

寝間着の着替え

年齢	％
6ヶ月〜11ヶ月	90.91
1歳〜1歳5ヶ月	88.89
1歳6ヶ月〜1歳11ヶ月	88.57
2歳〜2歳5ヶ月	91.67
2歳6ヶ月〜2歳11ヶ月	93.02
3歳〜3歳5ヶ月	91.87
3歳6ヶ月〜3歳11ヶ月	92.88
4歳〜4歳5ヶ月	100.00
4歳6ヶ月〜4歳11ヶ月	100.00
5歳〜5歳5ヶ月	96.55
5歳6ヶ月〜5歳11ヶ月	98.41
6歳〜6歳5ヶ月	100.00
6歳6ヶ月〜6歳11ヶ月	96.77
7歳〜8歳	100.00

全睡眠時間と夜の睡眠時間

年齢	全睡眠時間	夜の睡眠時間
	時間　分	時間　分
〜1	13:02	11:17
1〜2	12:19	10:53
2〜3	11:40	10:55
3〜4	11:18	10:58
4〜5	10:55	10:52
5〜6	10:55	10:54
6〜7	10:49	10:49
7〜8	10:30	10:30

全平均睡眠時間（単位：時間）

年齢	時間
〜1歳	13.04
〜2歳	12.36
〜3歳	11.67
〜4歳	11.30
〜5歳	10.91
〜6歳	10.92
〜7歳	10.81
〜8歳	10.50

昼寝の年齢的減少

年齢	％
6ヶ月〜11ヶ月	100.00
1歳〜1歳5ヶ月	100.00
1歳6ヶ月〜1歳11ヶ月	100.00
2歳〜2歳5ヶ月	82.86
2歳6ヶ月〜2歳11ヶ月	34.09
3歳〜3歳5ヶ月	35.14
3歳6ヶ月〜3歳11ヶ月	12.00
4歳〜4歳5ヶ月	7.14
4歳6ヶ月〜4歳11ヶ月	2.38
5歳〜5歳5ヶ月	1.69
5歳6ヶ月〜5歳11ヶ月	0
6歳〜6歳5ヶ月	0
6歳6ヶ月〜6歳11ヶ月	0
7歳〜8歳	0

就寝の挨拶の発達

年齢	％
6ヶ月〜11ヶ月	0
1歳〜1歳5ヶ月	10.00
1歳6ヶ月〜1歳11ヶ月	23.08
2歳〜2歳5ヶ月	27.78
2歳6ヶ月〜2歳11ヶ月	52.27
3歳〜3歳5ヶ月	59.46
3歳6ヶ月〜3歳11ヶ月	65.31
4歳〜4歳5ヶ月	76.74
4歳6ヶ月〜4歳11ヶ月	69.05
5歳〜5歳5ヶ月	73.68
5歳6ヶ月〜5歳11ヶ月	74.14
6歳〜6歳5ヶ月	83.33
6歳6ヶ月〜6歳11ヶ月	82.14
7歳〜8歳	100.00

排　泄

おむつ使用児の年齢的分布

時期	%
6ヶ月〜11ヶ月	100.00
1歳〜1歳5ヶ月	96.30
1歳6ヶ月〜1歳11ヶ月	61.11
2歳〜2歳5ヶ月	33.33
2歳6ヶ月〜2歳11ヶ月	16.22
3歳〜3歳5ヶ月	6.90
3歳6ヶ月〜3歳11ヶ月	6.06
4歳〜4歳5ヶ月	0
4歳6ヶ月〜4歳11ヶ月	0
5歳〜5歳5ヶ月	0
5歳6ヶ月〜5歳11ヶ月	0
6歳〜6歳5ヶ月	0
6歳6ヶ月〜6歳11ヶ月	0
7歳〜8歳	0

排尿事後通告可能児の年齢的分布

年齢	%
6ヶ月〜11ヶ月	44.44
1歳〜1歳5ヶ月	77.27
1歳6ヶ月〜1歳11ヶ月	91.18
2歳〜2歳5ヶ月	93.75
2歳6ヶ月〜2歳11ヶ月	100.00
3歳〜3歳5ヶ月	96.67
3歳6ヶ月〜3歳11ヶ月	100.00
4歳〜4歳5ヶ月	100.00
4歳6ヶ月〜4歳11ヶ月	100.00
5歳〜5歳5ヶ月	100.00
5歳6ヶ月〜5歳11ヶ月	100.00
6歳〜6歳5ヶ月	100.00
6歳6ヶ月〜6歳11ヶ月	100.00
7歳〜8歳	100.00

おむつ使用終期の年齢的分配

時期	%
6ヶ月〜11ヶ月	7.03
1歳〜1歳5ヶ月	41.25
1歳6ヶ月〜1歳11ヶ月	29.05
2歳〜2歳5ヶ月	16.82
2歳6ヶ月〜2歳11ヶ月	4.28
3歳〜4歳	1.53

大便事後通告可能児の年齢的分布

時期	%
6ヶ月〜11ヶ月	42.86
1歳〜1歳5ヶ月	80.00
1歳6ヶ月〜1歳11ヶ月	91.18
2歳〜2歳5ヶ月	94.12
2歳6ヶ月〜2歳11ヶ月	100.00
3歳〜3歳5ヶ月	100.00
3歳6ヶ月〜3歳11ヶ月	100.00
4歳〜4歳5ヶ月	100.00
4歳6ヶ月〜4歳11ヶ月	100.00
5歳〜5歳5ヶ月	100.00
5歳6ヶ月〜5歳11ヶ月	100.00
6歳〜6歳5ヶ月	100.00
6歳6ヶ月〜6歳11ヶ月	100.00
7歳〜8歳	100.00

排尿予告可能児の年齢的分布

時期	%
6ヶ月〜11ヶ月	40.00
1歳〜1歳5ヶ月	40.74
1歳6ヶ月〜1歳11ヶ月	75.00
2歳〜2歳5ヶ月	88.57
2歳6ヶ月〜2歳11ヶ月	100.00
3歳〜3歳5ヶ月	96.67
3歳6ヶ月〜3歳11ヶ月	100.00
4歳〜4歳5ヶ月	94.74
4歳6ヶ月〜4歳11ヶ月	100.00
5歳〜5歳5ヶ月	93.55
5歳6ヶ月〜5歳11ヶ月	95.00
6歳〜6歳5ヶ月	100.00
6歳6ヶ月〜6歳11ヶ月	100.00
7歳〜8歳	100.00

大便予告可能児の年齢的分布

時期	%
6ヶ月〜11ヶ月	42.86
1歳〜1歳5ヶ月	54.17
1歳6ヶ月〜1歳11ヶ月	85.29
2歳〜2歳5ヶ月	82.86
2歳6ヶ月〜2歳11ヶ月	100.00
3歳〜3歳5ヶ月	100.00
3歳6ヶ月〜3歳11ヶ月	100.00
4歳〜4歳5ヶ月	100.00
4歳6ヶ月〜4歳11ヶ月	100.00
5歳〜5歳5ヶ月	100.00
5歳6ヶ月〜5歳11ヶ月	100.00
6歳〜6歳5ヶ月	100.00
6歳6ヶ月〜6歳11ヶ月	100.00
7歳〜8歳	100.00

夢中粗相の年齢的減少

時期	%
6ヶ月〜11ヶ月	—
1歳〜1歳5ヶ月	42.86
1歳6ヶ月〜1歳11ヶ月	80.65
2歳〜2歳5ヶ月	63.89
2歳6ヶ月〜2歳11ヶ月	56.82
3歳〜3歳5ヶ月	40.00
3歳6ヶ月〜3歳11ヶ月	40.91
4歳〜4歳5ヶ月	23.53
4歳6ヶ月〜4歳11ヶ月	20.00
5歳〜5歳5ヶ月	18.18
5歳6ヶ月〜5歳11ヶ月	12.82
6歳〜6歳5ヶ月	13.64
6歳6ヶ月〜6歳11ヶ月	9.09
7歳〜8歳	0

付き添えば排尿ができる

時期	%
6ヶ月〜11ヶ月	0
1歳〜1歳5ヶ月	0
1歳6ヶ月〜1歳11ヶ月	14.29
2歳〜2歳5ヶ月	51.61
2歳6ヶ月〜2歳11ヶ月	82.86
3歳〜3歳5ヶ月	91.30
3歳6ヶ月〜3歳11ヶ月	96.55
4歳〜4歳5ヶ月	91.30
4歳6ヶ月〜4歳11ヶ月	96.88
5歳〜5歳5ヶ月	100.00
5歳6ヶ月〜5歳11ヶ月	100.00
6歳〜6歳5ヶ月	100.00
6歳6ヶ月〜6歳11ヶ月	100.00
7歳〜8歳	100.00

付き添えば大便ができる

時期	%
6ヶ月〜11ヶ月	0
1歳〜1歳5ヶ月	0
1歳6ヶ月〜1歳11ヶ月	9.09
2歳〜2歳5ヶ月	45.16
2歳6ヶ月〜2歳11ヶ月	85.71
3歳〜3歳5ヶ月	92.59
3歳6ヶ月〜3歳11ヶ月	100.00
4歳〜4歳5ヶ月	80.00
4歳6ヶ月〜4歳11ヶ月	88.00
5歳〜5歳5ヶ月	96.15
5歳6ヶ月〜5歳11ヶ月	100.00
6歳〜6歳5ヶ月	100.00
6歳6ヶ月〜6歳11ヶ月	100.00
7歳〜8歳	—

排尿の自立

時期	%
6ヶ月〜11ヶ月	0
1歳〜1歳5ヶ月	0
1歳6ヶ月〜1歳11ヶ月	3.85
2歳〜2歳5ヶ月	25.71
2歳6ヶ月〜2歳11ヶ月	46.51
3歳〜3歳5ヶ月	70.59
3歳6ヶ月〜3歳11ヶ月	80.00
4歳〜4歳5ヶ月	90.70
4歳6ヶ月〜4歳11ヶ月	97.62
5歳〜5歳5ヶ月	94.55
5歳6ヶ月〜5歳11ヶ月	100.00
6歳〜6歳5ヶ月	98.48
6歳6ヶ月〜6歳11ヶ月	100.00
7歳〜8歳	100.00

紙の使用可能（大便）

時期	%
6ヶ月〜11ヶ月	0
1歳〜1歳5ヶ月	0
1歳6ヶ月〜1歳11ヶ月	0
2歳〜2歳5ヶ月	9.09
2歳6ヶ月〜2歳11ヶ月	27.91
3歳〜3歳5ヶ月	41.67
3歳6ヶ月〜3歳11ヶ月	54.55
4歳〜4歳5ヶ月	70.73
4歳6ヶ月〜4歳11ヶ月	76.19
5歳〜5歳5ヶ月	85.19
5歳6ヶ月〜5歳11ヶ月	90.63
6歳〜6歳5ヶ月	98.57
6歳6ヶ月〜6歳11ヶ月	96.55
7歳〜8歳	100.00

大便の自立

時期	%
6ヶ月〜11ヶ月	0
1歳〜1歳5ヶ月	0
1歳6ヶ月〜1歳11ヶ月	4.17
2歳〜2歳5ヶ月	11.76
2歳6ヶ月〜2歳11ヶ月	38.64
3歳〜3歳5ヶ月	57.14
3歳6ヶ月〜3歳11ヶ月	72.92
4歳〜4歳5ヶ月	85.71
4歳6ヶ月〜4歳11ヶ月	86.05
5歳〜5歳5ヶ月	90.74
5歳6ヶ月〜5歳11ヶ月	95.24
6歳〜6歳5ヶ月	98.39
6歳6ヶ月〜6歳11ヶ月	100.00
7歳〜8歳	100.00

大便の時間の一定している幼児の割合

時期	%
6ヶ月〜11ヶ月	33.33
1歳〜1歳5ヶ月	71.43
1歳6ヶ月〜1歳11ヶ月	50.00
2歳〜2歳5ヶ月	61.11
2歳6ヶ月〜2歳11ヶ月	56.82
3歳〜3歳5ヶ月	63.89
3歳6ヶ月〜3歳11ヶ月	57.14
4歳〜4歳5ヶ月	48.72
4歳6ヶ月〜4歳11ヶ月	57.14
5歳〜5歳5ヶ月	60.71
5歳6ヶ月〜5歳11ヶ月	70.00
6歳〜6歳5ヶ月	54.41
6歳6ヶ月〜6歳11ヶ月	43.33
7歳〜8歳	40.00

大便時間の一定した幼児の大便時間

時間	%
朝、起床直後	25.59
朝食後	1.97
6時—8時	10.24
8時—10時	28.35
10時—12時	9.06
午前	5.91
0時—2時	3.54
2時—4時	3.15
4時—6時	1.18
6時—8時	2.36
午後	4.73
夕方、夕食後	1.97
夜、就寝前	1.97

着脱衣

着物を一人で脱ごうとする

時期	%
6ヶ月～11ヶ月	0
1歳～1歳5ヶ月	66.67
1歳6ヶ月～1歳11ヶ月	64.52
2歳～2歳5ヶ月	75.00
2歳6ヶ月～2歳11ヶ月	90.70
3歳～3歳5ヶ月	82.86
3歳6ヶ月～3歳11ヶ月	84.00
4歳～4歳5ヶ月	93.02
4歳6ヶ月～4歳11ヶ月	86.05
5歳～5歳5ヶ月	91.38
5歳6ヶ月～5歳11ヶ月	98.83
6歳～6歳5ヶ月	97.18
6歳6ヶ月～6歳11ヶ月	100.00
7歳～8歳	100.00

着物を一人で着ようとする

時期	%
6ヶ月～11ヶ月	0
1歳～1歳5ヶ月	28.57
1歳6ヶ月～1歳11ヶ月	28.57
2歳～2歳5ヶ月	50.00
2歳6ヶ月～2歳11ヶ月	69.77
3歳～3歳5ヶ月	70.59
3歳6ヶ月～3歳11ヶ月	76.00
4歳～4歳5ヶ月	81.40
4歳6ヶ月～4歳11ヶ月	76.19
5歳～5歳5ヶ月	78.95
5歳6ヶ月～5歳11ヶ月	93.44
6歳～6歳5ヶ月	90.28
6歳6ヶ月～6歳11ヶ月	96.43
7歳～8歳	100.00

両方の袖を正しく通す

時期	%
6ヶ月～11ヶ月	0
1歳～1歳5ヶ月	0
1歳6ヶ月～1歳11ヶ月	4.76
2歳～2歳5ヶ月	27.27
2歳6ヶ月～2歳11ヶ月	11.63
3歳～3歳5ヶ月	40.54
3歳6ヶ月～3歳11ヶ月	54.17
4歳～4歳5ヶ月	59.52
4歳6ヶ月～4歳11ヶ月	76.19
5歳～5歳5ヶ月	76.79
5歳6ヶ月～5歳11ヶ月	77.78
6歳～6歳5ヶ月	84.72
6歳6ヶ月～6歳11ヶ月	83.87
7歳～8歳	100.00

前のボタンかけ

時期	%
6ヶ月～11ヶ月	0
1歳～1歳5ヶ月	22.22
1歳6ヶ月～1歳11ヶ月	0
2歳～2歳5ヶ月	10.34
2歳6ヶ月～2歳11ヶ月	17.07
3歳～3歳5ヶ月	35.14
3歳6ヶ月～3歳11ヶ月	64.44
4歳～4歳5ヶ月	75.61
4歳6ヶ月～4歳11ヶ月	77.50
5歳～5歳5ヶ月	76.79
5歳6ヶ月～5歳11ヶ月	91.94
6歳～6歳5ヶ月	93.24
6歳6ヶ月～6歳11ヶ月	93.55
7歳～8歳	100.00

袖のボタンかけ

時期	%
6ヶ月～11ヶ月	0
1歳～1歳5ヶ月	0
1歳6ヶ月～1歳11ヶ月	0
2歳～2歳5ヶ月	3.85
2歳6ヶ月～2歳11ヶ月	7.69
3歳～3歳5ヶ月	21.62
3歳6ヶ月～3歳11ヶ月	22.22
4歳～4歳5ヶ月	43.90
4歳6ヶ月～4歳11ヶ月	50.00
5歳～5歳5ヶ月	63.16
5歳6ヶ月～5歳11ヶ月	66.10
6歳～6歳5ヶ月	71.83
6歳6ヶ月～6歳11ヶ月	70.97
7歳～8歳	100.00

ひもを前で花結びに結ぶ

時期	%
6ヶ月～11ヶ月	0
1歳～1歳5ヶ月	0
1歳6ヶ月～1歳11ヶ月	0
2歳～2歳5ヶ月	0
2歳6ヶ月～2歳11ヶ月	2.63
3歳～3歳5ヶ月	2.70
3歳6ヶ月～3歳11ヶ月	2.04
4歳～4歳5ヶ月	16.67
4歳6ヶ月～4歳11ヶ月	27.50
5歳～5歳5ヶ月	41.07
5歳6ヶ月～5歳11ヶ月	49.18
6歳～6歳5ヶ月	56.94
6歳6ヶ月～6歳11ヶ月	51.72
7歳～8歳	100.00

脱衣の完全自立

時期	%
6ヶ月～11ヶ月	0
1歳～1歳5ヶ月	0
1歳6ヶ月～1歳11ヶ月	3.57
2歳～2歳5ヶ月	15.15
2歳6ヶ月～2歳11ヶ月	19.51
3歳～3歳5ヶ月	33.33
3歳6ヶ月～3歳11ヶ月	38.30
4歳～4歳5ヶ月	55.81
4歳6ヶ月～4歳11ヶ月	63.41
5歳～5歳5ヶ月	75.00
5歳6ヶ月～5歳11ヶ月	87.50
6歳～6歳5ヶ月	86.30
6歳6ヶ月～6歳11ヶ月	90.00
7歳～8歳	100.00

着衣の完全自立

時期	%
6ヶ月～11ヶ月	0
1歳～1歳5ヶ月	0
1歳6ヶ月～1歳11ヶ月	0
2歳～2歳5ヶ月	2.94
2歳6ヶ月～2歳11ヶ月	2.38
3歳～3歳5ヶ月	15.15
3歳6ヶ月～3歳11ヶ月	16.67
4歳～4歳5ヶ月	14.63
4歳6ヶ月～4歳11ヶ月	36.59
5歳～5歳5ヶ月	32.76
5歳6ヶ月～5歳11ヶ月	61.90
6歳～6歳5ヶ月	72.22
6歳6ヶ月～6歳11ヶ月	66.67
7歳～8歳	100.00

パンツやブルマースをはく

時期	%
6ヶ月～11ヶ月	0
1歳～1歳5ヶ月	0
1歳6ヶ月～1歳11ヶ月	0
2歳～2歳5ヶ月	6.06
2歳6ヶ月～2歳11ヶ月	21.43
3歳～3歳5ヶ月	59.46
3歳6ヶ月～3歳11ヶ月	60.42
4歳～4歳5ヶ月	82.93
4歳6ヶ月～4歳11ヶ月	73.81
5歳～5歳5ヶ月	84.21
5歳6ヶ月～5歳11ヶ月	87.30
6歳～6歳5ヶ月	95.89
6歳6ヶ月～6歳11ヶ月	93.55
7歳～8歳	100.00

靴を一人ではく

時期	%
6ヶ月～11ヶ月	0
1歳～1歳5ヶ月	11.11
1歳6ヶ月～1歳11ヶ月	25.00
2歳～2歳5ヶ月	74.29
2歳6ヶ月～2歳11ヶ月	86.05
3歳～3歳5ヶ月	94.59
3歳6ヶ月～3歳11ヶ月	98.00
4歳～4歳5ヶ月	97.67
4歳6ヶ月～4歳11ヶ月	97.67
5歳～5歳5ヶ月	100.00
5歳6ヶ月～5歳11ヶ月	100.00
6歳～6歳5ヶ月	100.00
6歳6ヶ月～6歳11ヶ月	100.00
7歳～8歳	100.00

靴下をはくことの自立

時期	%
6ヶ月～11ヶ月	0
1歳～1歳5ヶ月	0
1歳6ヶ月～1歳11ヶ月	0
2歳～2歳5ヶ月	0
2歳6ヶ月～2歳11ヶ月	6.98
3歳～3歳5ヶ月	56.76
3歳6ヶ月～3歳11ヶ月	48.98
4歳～4歳5ヶ月	65.85
4歳6ヶ月～4歳11ヶ月	74.42
5歳～5歳5ヶ月	80.70
5歳6ヶ月～5歳11ヶ月	88.71
6歳～6歳5ヶ月	95.95
6歳6ヶ月～6歳11ヶ月	96.77
7歳～8歳	50.00

帽子をかぶることの自立

時期	%
6ヶ月～11ヶ月	0
1歳～1歳5ヶ月	0
1歳6ヶ月～1歳11ヶ月	23.08
2歳～2歳5ヶ月	23.53
2歳6ヶ月～2歳11ヶ月	41.46
3歳～3歳5ヶ月	52.78
3歳6ヶ月～3歳11ヶ月	70.83
4歳～4歳5ヶ月	83.33
4歳6ヶ月～4歳11ヶ月	90.70
5歳～5歳5ヶ月	94.83
5歳6ヶ月～5歳11ヶ月	93.65
6歳～6歳5ヶ月	98.61
6歳6ヶ月～6歳11ヶ月	96.77
7歳～8歳	100.00

清 潔

手洗いの自立

時期	%
6ヶ月〜11ヶ月	0
1歳〜1歳5ヶ月	0
1歳6ヶ月〜1歳11ヶ月	26.32
2歳〜2歳5ヶ月	55.88
2歳6ヶ月〜2歳11ヶ月	81.40
3歳〜3歳5ヶ月	83.78
3歳6ヶ月〜3歳11ヶ月	96.00
4歳〜4歳5ヶ月	95.35
4歳6ヶ月〜4歳11ヶ月	100.00
5歳〜5歳5ヶ月	100.00
5歳6ヶ月〜5歳11ヶ月	100.00
6歳〜6歳5ヶ月	100.00
6歳6ヶ月〜6歳11ヶ月	100.00
7歳〜8歳	100.00

顔洗いの自立

時期	%
6ヶ月〜11ヶ月	0
1歳〜1歳5ヶ月	0
1歳6ヶ月〜1歳11ヶ月	5.56
2歳〜2歳5ヶ月	14.71
2歳6ヶ月〜2歳11ヶ月	16.28
3歳〜3歳5ヶ月	36.11
3歳6ヶ月〜3歳11ヶ月	56.00
4歳〜4歳5ヶ月	76.19
4歳6ヶ月〜4歳11ヶ月	80.49
5歳〜5歳5ヶ月	89.83
5歳6ヶ月〜5歳11ヶ月	96.83
6歳〜6歳5ヶ月	97.26
6歳6ヶ月〜6歳11ヶ月	96.77
7歳〜8歳	100.00

食前の手洗い

時期	%
6ヶ月〜11ヶ月	0
1歳〜1歳5ヶ月	40.00
1歳6ヶ月〜1歳11ヶ月	39.13
2歳〜2歳5ヶ月	54.21
2歳6ヶ月〜2歳11ヶ月	41.86
3歳〜3歳5ヶ月	55.56
3歳6ヶ月〜3歳11ヶ月	42.00
4歳〜4歳5ヶ月	64.29
4歳6ヶ月〜4歳11ヶ月	57.14
5歳〜5歳5ヶ月	74.58
5歳6ヶ月〜5歳11ヶ月	66.67
6歳〜6歳5ヶ月	72.22
6歳6ヶ月〜6歳11ヶ月	60.00
7歳〜8歳	80.00

うがいの自立

時期	%
6ヶ月〜11ヶ月	0
1歳〜1歳5ヶ月	0
1歳6ヶ月〜1歳11ヶ月	0
2歳〜2歳5ヶ月	9.68
2歳6ヶ月〜2歳11ヶ月	46.51
3歳〜3歳5ヶ月	45.71
3歳6ヶ月〜3歳11ヶ月	66.00
4歳〜4歳5ヶ月	82.93
4歳6ヶ月〜4歳11ヶ月	90.48
5歳〜5歳5ヶ月	93.22
5歳6ヶ月〜5歳11ヶ月	88.24
6歳〜6歳5ヶ月	90.41
6歳6ヶ月〜6歳11ヶ月	100.00
7歳〜8歳	100.00

鼻をかむことの自立

時期	%
6ヶ月〜11ヶ月	0
1歳〜1歳5ヶ月	0
1歳6ヶ月〜1歳11ヶ月	13.64
2歳〜2歳5ヶ月	25.00
2歳6ヶ月〜2歳11ヶ月	45.24
3歳〜3歳5ヶ月	62.86
3歳6ヶ月〜3歳11ヶ月	65.31
4歳〜4歳5ヶ月	88.37
4歳6ヶ月〜4歳11ヶ月	85.71
5歳〜5歳5ヶ月	87.93
5歳6ヶ月〜5歳11ヶ月	100.00
6歳〜6歳5ヶ月	98.61
6歳6ヶ月〜6歳11ヶ月	100.00
7歳〜8歳	100.00

参考文献

1. 山下俊郎「幼児に於ける基本的習慣の研究（第一報告）」『教育』第4巻第4号、P114〜138、1936年
2. 山下俊郎「幼児に於ける基本的習慣の研究（第二報告）」『教育』第5巻第1号、P93〜110、1937年
3. 山下俊郎「幼児に於ける基本的習慣の研究（第三報告）」『教育』第6巻第9号、P86〜103、1938年
4. 山下俊郎「幼児の着衣行動の発達」『心理学研究』第14巻特集、P91〜92、1939年
5. 山下俊郎「幼児に於ける清潔の習慣の成立基準」松本博士喜寿記念会『心理学研究』P553〜565、岩波書店、1943年
6. 山下俊郎『幼児の生活指導』（保育学講座5）フレーベル館、1972年
7. 山下俊郎『幼児心理学』朝倉書店、1955年
8. 西本脩「山下俊郎氏による『基本的習慣の自律の標準』についての再検討」日本保育学会『保育学年報1964年版』P28〜28、フレーベル館、1965年
9. 西本脩「山下俊郎氏による『基本的習慣の自律の標準』についての再検討」山下俊郎古稀記念論文集編纂会『子ども──その発達と福祉』P223〜243、玉川大学出版、1973年
10. 西本脩「基本的習慣の発達基準に関する研究」山下俊郎先生喜寿記念図書編集委員会『幼児研究半世紀』P44〜57、同文書院、1980年
11. 谷田貝公昭、亀ヶ谷三郎「基本的生活習慣の発達基準に関する研究──関東地区における研究をとおして」『関東教育学会紀要第3号』P23〜35、関東教育学会、1976年
12. 谷田貝公昭、村越晃、西方毅「基本的生活習慣の発達基準──50年間の変化と現代の標準」家庭教育研究所紀要第9号、財団法人小平記念会家庭教育研究所、1987年
13. 谷田貝公昭「姿勢と運動の発達」橋口英俊編『身体と運動の発達』（新・児童心理学講座3）P81〜126、金子書房、1992年
14. 谷田貝公昭、林邦雄、村越晃、前林清和『チルドレンワールド』一藝社、1997年
15. 汐見稔幸、榊原洋一、中川信子『はじめて出会う育児の百科』小学館、2003年
16. 谷田貝公昭監修、髙橋弥生編『保育内容シリーズ1　健康』一藝社、2004年
17. 谷田貝公昭監修『6歳までのしつけと子どもの自立』合同出版、2002年
18. 谷田貝公昭監修『小学校生活でつまづかないしつけと自立』合同出版、2004年
19. 「保育所保育指針」P20、フレーベル館、1999年
20. 谷田貝公昭『鉛筆が削れない──現代っ子不器用の証明』公文数学研究センター、1980年
21. 谷田貝公昭『ハシも使えない──ここまできた不器用っ子症候群』サンケイ出版、1984年
22. 谷田貝公昭「箸の持ち方・使い方に関する調査研究」家庭教育研究所紀要第6号、P25〜32、財団法人小平記念会家庭教育研究所、1985年
23. 研究者代表谷田貝公昭「青少年の生きる力を育むための総合的調査研究──研究成果報告書」一藝社、1998年
24. 谷田貝公昭他「いま 子どもの手さばきは──子どもの生活技術報告」社団法人全国子ども会連合会、1986年
25. 平井信義『5歳までのゆっくり子育て』PHP文庫、1992年
26. 依田明、室岡一、千石保編『はじめてお母さんになる人へ』あすなろ書房、1984年
27. 谷田貝公昭、村越晃他「現代の子どもの生活技術の実態IV」日本保育学会第49回大会研究論文集、1997年
28. （財）ライオン歯科衛生研究所『『第60回学童歯みがき大会』に参加する〈小学3〜6年生1749人の歯に関する意識・行動調査〉』2003（http://www.lion.co.jp/press/2003047.pdf）
29. 久保田競『脳力を手で伸ばす』紀伊國屋書店、1983年
30. 子どものからだと心・連絡協議会／子どものからだと心白書2003・編集委員会編「子どものからだと心白書2003」P138、P140、2003年
31. 髙橋弥生「基本的生活習慣からみる乳幼児の発達」高橋弥生編著『子ども学がやってきた』P46〜56、一藝社、

2017年

32. 谷田貝公昭「基本的生活習慣」谷田貝公昭・村越晃監修、髙橋弥生責任編集 『しつけ辞典』P552～563、一藝社、2013年

33. 髙橋弥生「子どもの基本的生活習慣の獲得過程」谷田貝公昭監修、髙橋弥生、島崎博嗣編著『新保育内容シリーズ「健康」』P103～117、一藝社、2010年

34. 髙橋弥生「基本的生活習慣にかかわる指導の展開」谷田貝公昭監修、髙橋弥生・島崎博嗣著『保育内容シリーズ｜『健康』P119～133、一藝社、2010年

35. 髙橋弥生「基本的生活習慣の獲得」谷田貝公昭監修、谷田貝公昭・髙橋弥生編著『新版実践保育内容シリーズ1健康』P69～80、一藝社、2018年

36. 谷田貝円「基本的生活習慣の指導と援助」谷田貝公昭監修、谷田貝公昭・髙橋弥生編著『新版実践保育内容シリーズ｜健康』P81～91、一藝社、2018年

37. 谷田貝公昭編『不器用っ子が増えている』一藝社、2016年

38. 谷田貝円「基本的生活習慣の自立」谷田貝公昭監修、谷田貝公昭・髙橋弥生編著『新版実践保育内容シリーズ1健康』P41～48、一藝社、2018年

39. 谷田貝公昭編集代表『改定新版 保育用語辞典』一藝社、2019年

40. 「子どもの生活習慣」谷田貝公昭・大沢裕編著『子どもと生活』P32～39一藝社、2020年

41. 谷田貝公昭・髙橋弥生『第3版 データでみる 幼児の基本的生活習慣』一藝社、2016年

42. 谷田貝公昭「子どもの生活習慣はどう変化したか」『児童心理』(2008年8月号)金子書房

43. 谷田貝公昭・髙橋弥生「幼児の生活リズムの変化から見えてくること－基本的生活習慣を中心に」『教育と医学』56巻8号P33～40、慶応義塾大学出版会、2007年

44. 谷田貝円「幼児の『箸の持ち方使い方』の実技調査から見えてきた課題」現代保育問題研究会編『保育をめぐる諸問題』P11～31一藝社、2019年

45. 橋本樹「用箸運動をめぐる諸問題」現代保育問題研究会編『保育をめぐる諸問題Ⅱ』P32～43、一藝社、2019年

46. 谷田貝公昭『直接体験不足症候群の子どもたち』汐文社、1991年

47. 谷田貝公昭「子どもの生活リズム」林邦雄・谷田貝公昭監修、西方毅・本間玖美子編著『子ども学講座｜子どもと生活』P106～P120、一藝社、2010年

あとがき

　基本的生活習慣は、幼児期に身につけるべき重要な課題である。それゆえに、親もそして保育者もそれぞれの立場で熱心に子どもに指導したり、子どもの行動を支えたりして、正しく身につくように導くのである。しかし、生活習慣という言葉が示すように、これは毎日毎日の繰り返しが必要で、かかわる大人の行動が大きな影響を与える。というのも、子どもは言葉での理解ではなく、親や保育者の行動を見て、真似をしながら多くのことを身につけていくからである。ゆえに、子どもの傍にいつもいる大人の行動が間違っている場合、子どもは悪気もなくそれをそのまま真似て身につけていくことになるのである。基本的生活習慣の多くは、０歳からの生活が基盤になっている。完全に習慣として自立するまでは、子どもにかかわる大人の責任として、親や保育者は自分自身がしっかりとした習慣を身につけ、行動として子どもに示し、見本となる意識を持つ必要があるだろう。

　基本的生活習慣はどの習慣であれ「大きくなったらできるもの」ではない。子どもにとって最も適した時期に、適切なかかわりと正しい見本があって初めて身につくものである。本書の発達基準は、その適切な時期の目安となるはずである。

　ただし、あくまでも目安である。発達は個人差が大きく、本書の基準より早く自立する場合もあれば、遅い場合もあるだろう。早い場合には多くの大人は安心するが、遅くなっていると焦ったり、心配したりすることもあるかもしれない。そのような場合は、発達基準にある発達の順番を確認して、次はどの段階に進むのかを知ることで、子どもへのかかわり方を工夫することもできるはずである。発達基準は個人差を無視しているから無意味だ、と考える方もいるようだが、発達の目安、発達の順番、という重要な意味があることを理解して、本書を利用していただけるとありがたい。

さらに、一度できるようになってもその行動が時には崩れることもある。子どもは精神的に不安があったり、体調が悪かったりする場合、できていたことができなくなる場合も多いものである。子どもの習慣が崩れたときには、その理由を考える余裕を持ち、根気よく習慣化するまで子どもを支えていくことが必要である。また、習慣になるために最も重要な要素は子どもの意欲である。子ども自身のやりたい気持ちを大切にすることも忘れないようにして欲しい。

　本書は最新のデータをもとに編纂されており、現代の子どもの状況を明確に示すものとなっている。子どもを取り巻く社会環境は急速に変化しており、基本的生活習慣についても今後変化するものがあるかもしれない。しかし、本書に示した習慣に関しては、現段階で小学校入学前までに身につけておく必要のある項目である。就学後に学業や学校生活で子ども自身が困難を感じないよう、親や保育者は知識と根気と余裕をもって、子どもの指導にあたってもらいたい。本書がその一助になることを心から祈っている。

　2021 年 3 月

髙橋弥生

【編著者】

谷田貝公昭（やたがい・まさあき）

目白大学名誉教授、NPO 法人子どもの生活科学研究所理事長

髙橋弥生（たかはし・やよい）

目白大学人間学部教授・子ども学科長

【執筆者】

谷田貝公昭（同上）

髙橋弥生（同上）

橋本 樹（はしもと・たつき）　横浜高等教育専門学校専任教員

小林怜美（こばやし・さとみ）　埼玉県三郷市立上口保育園保育士

◎カバーデザイン　藤代　彩

◎ DTP・イラスト　本田いく

基本的生活習慣の発達基準に関する研究
—子育ての目安—

2021 年 3 月 15 日　初版第 1 刷発行

編著者　　谷田貝公昭　髙橋弥生

発行者　　菊池公男

発行所　　株式会社一藝社

〒 160-0014 東京都新宿区内藤町 1-6
Tel.03-5312-8890　Fax.03-5312-8895
E-mail：info@ichigeisha.co.jp
http://www.ichigeisha.co.jp
振替　東京 00180-5-350802
印刷・製本　倉敷印刷株式会社